语文课本
中的知识精华
YU WEN KE BEN ZHONG DE
ZHI SHI JING HUA

语文课本中的
名家名作

徐井才◎主编

李青莲

李白字太白母梦长庚星因名
白生蜀之青莲乡贺知章见其文叹曰
子谪仙人也言于帝诏供奉翰林帝
尝坐沉香亭意有所感欲得白
为乐章时白已醉以水颒面稍
解立成清平调三篇太真笑领歌
意会白醉使高力士脱靴力士
素贵耻摘其语以激太真帝
欲官白宫中
辄沮之白
送敖放日
沉饮弄月
采石江
而卒

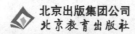

北京出版集团公司
北京教育出版社

图书在版编目(CIP)数据

语文课本中的名家名作/徐井才主编. —北京:北京教育出版社,2012.7
(语文课本中的知识精华)
ISBN 978 – 7 – 5522 – 0767 – 5

Ⅰ.①语…　Ⅱ.①徐…　Ⅲ.①阅读课 – 小学 – 教学参考资料
Ⅳ.①G624.233

中国版本图书馆 CIP 数据核字(2012)第 151074 号

语文课本中的名家名作

徐井才　主编

*

北京出版集团公司
北京教育出版社　出版
(北京北三环中路 6 号)

邮政编码:100120

网址:www.bph.com.cn

北京出版集团公司总发行

全 国 各 地 书 店 经 销

永清县晔盛亚胶印有限公司印刷

*

710×1000　16 开本　14 印张　300000 字
2012 年 7 月第 1 版　2012 年 7 月第 1 次印刷

ISBN 978 – 7 – 5522 – 0767 – 5
定价:27.80 元

目录

王愿坚

张抗抗

张晓风

孙 犁

叶圣陶

名家简介

　　叶圣陶（1894-1988），原名叶绍钧，字秉臣，江苏苏州人，著名作家、教育家。他发表了许多反映人民痛苦生活和悲惨命运的作品，歌颂了在民族解放斗争中坚强不屈的普通群众。出版了童话集《古代英雄的石像》、《稻草人》以及小说集《隔膜》、《火灾》等。

课文再现

　　《小小的船》（人教版一年级上册）是叶圣陶先生所写的一首精美的儿童诗。诗歌描述了一个小朋友在晴朗的夜晚，仰望一弯明月所想象到的情景，展现了孩子飞上月亮、遨游太空的美好愿望。全诗形象优美，韵律和谐，充满童趣。

小作家多多有话说

　　叶圣陶是深受孩子们喜爱的儿童文学作家，同学们一定读过不少他写的童话故事，但对叶圣陶本人可能了解不多。就让我们通过下面的两篇短文，走近现实生活中的叶圣陶先生，去了解他细腻的情感。

课外链接

牵牛花

手种牵牛花，接连有三四年了。水门汀地没法下种，种在十来个瓦盆里。泥是今年又明年反复用着的，无从取得新的泥来加入，曾与铁路轨道旁种地的那个北方人商量，愿出钱向他买一点儿，他不肯。

从城隍庙的花店里买了一包过磷酸骨粉，搀和在每一盆泥里，这算代替了新泥。

瓦盆排列在墙脚，从墙头垂下十条麻线，每两条距离七八寸，让牵牛的藤蔓缠绕上去。这是今年的新计划，往年是把瓦盆

真可谓看花容易种花难啊！

摆在三尺光景高的木架子上的。这样，藤蔓很容易爬到了墙头，随后长出来的互相纠缠着，因自身的重量倒垂下来，但末梢的嫩条便又蛇头一般仰起，向上伸，与别组的嫩条纠缠，待不胜重量时重演那老把戏；因此墙头往往堆积着繁密的叶和花，与墙腰的部分不相称。今年从墙脚爬起，沿墙多了三尺光景的路程，或者会好一点儿。而且，这就将有一垛完全是叶和花的墙。

藤蔓从两瓣子叶中间引伸出来以后，不到一个月工夫，爬得最快的几株将要齐墙头了，每一个叶柄处生一个花蕾，像谷粒那么大，便转黄萎去。据几年来的经验，知道起头的一批花蕾是开不出来的；到后来发育更见旺盛，新的叶蔓比近根部的肥大，那时的花蕾才开得成。

今年的叶格外绿，绿得鲜明；又格外厚，仿佛丝绒剪成的。这自然是过磷酸骨粉的功效。他日花开，可以推知将比往年的盛大。

但兴趣并不专在看花，种了这小东西，庭中就成为系人心情的所在，早

上才起，工毕回来，不觉总要在那里小立一会儿。那藤蔓缠着麻线卷上去，嫩绿的头看似静止的，并不动弹；实际却无时不回旋向上，在先朝这边，停一歇再看，它便朝那边了。前一晚只是绿豆般大一粒嫩头，早起看时，便已透出二三寸长的新条，缀一两张长满细白茸毛的小叶子，叶柄处是仅能辨认形状的小花蕾，而末梢又有了绿豆般大一粒嫩头。有时看着墙上

> 只有像作者这样细心观察的人，才能写出这样生动优美的文章。

斑剥痕想，明天未必便爬到那里吧；但出乎意外，明晨竟爬到了斑剥痕之上，好努力的一夜功夫！"生之力"不可得见；在这样小立静观的当儿，却默契了"生之力"了。渐渐地，浑忘意想，复何言说，只呆对着这一墙绿叶。

即使没有花，兴趣未尝短少。何况他日花开，将比往年盛大呢。

读中学写

我和大作家学比喻：

作者在描写牵牛花的时候，多处运用了形象的比喻。如"末梢的嫩条便又蛇头一般仰起"一句，生动写出了牵牛花拼命生长的情状；"仿佛丝绒剪成的"一句，写出了叶格外厚的特点，表达了作者对牵牛花的喜爱之情。

我和大作家学写作顺序：

在这篇文章中，作者先写自己种花的情况，然后按照时间顺序再现了牵牛花的生长过程，最后抒发生活感悟，表达了对牵牛花的喜爱之情。全文条理清晰，思路流畅。

我的好词好句积累卡

好词：藤蔓　缠绕　光景　旺盛
好句：今年的叶格外绿，绿得鲜明；又格外厚，仿佛丝绒剪成的。

看 月

住在上海"弄堂房子"里的人对于月亮的圆缺隐现是不甚关心的。所谓"天井",不到一丈见方的面。至少十六瓦的电灯每间里总得挂一盏。环境限定,不容你有关心到月亮的便利。走到路上,还没"断黑"已经一连串地亮了街灯。有月亮吧,就像多了一盏灯。没有月亮吧,犹如一盏街灯损坏了,没有亮起来。谁留意这些呢?

去年夏天,我曾经说过不大听到蝉声,现在说起月亮,我又觉得许久不看见月亮了。只记得某夜夜半醒来,对窗的收音机已经沉寂,隔壁的"麻将"也歇了手,各家的电灯都已熄灭。<u>一道象牙色的光从南窗透进来,把窗棂印在我的被袱上,我略微感到惊异,随即想到原来是月亮光。</u>好奇地要看看月亮本身,我向窗外望。但是,一会儿月亮被云遮没了。

以"象牙"的颜色形容月光,准确地写出了月光皎洁、清幽的特点。

从北平来的人往往说在上海这地方怎么"呆"得住。一切都这样紧张,空气是这样龌龊,走出去很难得看见树木,诸如此类,他们可以举出一大堆。我想,月亮仿佛失掉了这一点,也该列入他们认为上海"呆"不住的理由吧。假若如此,我倒并不同意。在生活的诸般条件里列入必须看月亮一项,那是没有理由的。清旷的襟怀和高远的想象力未必定须由对月而养成。把仰望的双眼移到地面,同样可以收到修养上的效益,而且更见切实。可是我并非反对看月亮,只是说即使不看也没有什么关系罢了。

最好的月色我也曾看过。那时在福州的乡下,地当闽江一折的那个角上。某夜,靠着楼栏直望。闽江正在上潮,受着月亮,成为水银的洪流。江岸诸山略微笼罩着雾气,好像不是平日看惯的那几座山了。月亮高高停在天空，非常舒泰的样子。从江岸直到我的楼下是一大片沙坪，月光照着，茫然一白，但带点儿青的意味。不知什么地方送来晚香玉的香气。也许是月亮的香气吧，我这么想。我心中不起一切杂念，大约历一刻钟之久，才回转身来。看见蛎粉墙上印着我的身影，我于是重又意识到了我。

那样的月色如果能得再看几回，自然是愉悦的事，虽然前面我说过"即使不看也没有什么关系"。

读中学写

我和大作家学景物描写：

生动的景物描写是本文的一个突出特点，例如对福州乡下月色的描写：水银的洪流、笼罩着雾气的诸山、茫然一白的沙坪……一幅迷人的月下美景图清晰地展现在读者眼前，读者也通过这样生动的景物描写，感受到了作者对生活、对自然的热爱。

我和大作家学借景抒情：

作者在文中还借助景物描写，抒发了自己独特的人生感悟。例如：当人们抱怨看不到月光的上海"呆"不住时，作者却发出了"清旷的襟怀和高远的想象力未必定须由对月而养成"的感慨，表达了高雅脱俗的生活情趣，升华了文章的中心。

我的 好词 好句 积累卡

> **好词：** 舒泰　清旷　襟怀　仰望
> **好句：** 在生活的诸般条件里列入必须看月亮一项，那是没有理由的。清旷的襟怀和高远的想象力未必定须由对月而养成。

金 波

名家简介

　　金波，全名王金波，中国著名儿童文学作家。1935年7月出生于北京，1957年开始发表作品。先后出版诗集《回声》、《我的雪人》等十余部，童话集《小树叶童话》、《金海螺小屋》、《苹果小人的奇遇》以及长篇童话《乌丢丢的奇遇》等。选集有《金波儿童诗选》、《金波作品精选》以及《金波诗词歌曲集》等。其中的多篇作品被收入中小学语文和音乐课本。

课文再现

　　《阳光》（人教版一年级上册）这首小诗生动描写了田野、高山和小河在阳光下的美丽景象，突出了阳光对自然万物的重要作用，赞美了阳光给人们带来的光明和温暖。

小作家多多有话说 <<<<

　　金波在他的儿童诗中，常以儿童的眼光观察世界，用天真烂漫的童心去思考人生，他眼中的雨和花，又该是怎样一番景象呢？让我们在生动优美的文字中，重温童年生活的情趣。

课外链接

雨

窗外，已经下起了雨。可是，妈妈，你不要阻拦我呀，我要到雨中去。

我戴上草帽。我跑到雨里。我变成一把伞。伞在风雨里飞着，给没带伞的行人遮雨。

当雨停了，我就又飞走了，飞进雨后翠绿的树林里。

妈妈，也许你不见了女儿，你很着急，你怕我淋湿了雨。

你跑到街上，问雨后的风，问天上的虹，问每个行人：我的女儿，她在哪里？

你来到林中，问小鸟，问花朵，问叶子上滴落的雨滴：我的女儿，她在哪里？

> 排比的修辞手法，生动地表现了妈妈急切的心情。

它们都说：那可是个淘气的小姑娘呀，她又在和我们捉迷藏吧，谁知道她会藏到哪儿呢！

雨后。林中。蘑菇洒了一地。它们最喜欢在雨后游戏。妈妈，当你伸手刚要采下那个最白、最胖的蘑菇时，忽然，它变了，变成了你的女儿，她眨巴着眼睛，笑眯眯地望着你。

——妈妈，我又回来了！你看，我仍戴着草帽呀，草帽上还挂着彩色的雨滴。

读中学写

我和大作家学想象：

在这篇短文中，作者以一个小女孩的口吻，想象了母女俩嬉戏的情景，表现了小女孩天真、顽皮的性格特点。尤其是小女孩突然出现在妈妈面前的情景，非常符合儿童的心理，充满了童趣。

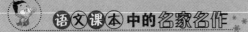

我和大作家学排比：

　　排比手法的运用，写出了妈妈寻找女儿的忙碌情景，反映了妈妈急切的心理，也让读者真切地感受到了妈妈对女儿的爱与关怀。

我的 好词 好句 积累 卡

好词：翠绿　笑眯眯
好句：你跑到街上，问雨后的风，问天上的虹，问每个行人：我的女儿，她在哪里？你来到林中，问小鸟，问花朵，问叶子上滴落的雨滴：我的女儿，她在哪里？

花的梦

　　我从植物园归来，带回一个彩色缤纷的梦，我梦见，在我们的土地上，到处鲜花盛开、万紫千红。

　　我家的台阶前，一直伸展到远远的天边，有一群簇拥着的姐妹，那是一片紫色的玫瑰。

　　路的两旁白得像落满了雪，那里是玉兰花的世界；山上闪着明亮的火星，那是蒲公英开遍了山野。

　　吊钟花在微风里轻轻地摇，鸡冠花把头昂得很高，泉边有天鹅绒般的青苔，茑萝花攀上了树梢。

　　还有世界上最大的花朵，大王莲能做小妹妹的摇篮；小小的花朵是珍珠梅，它穿着月光一样的衣衫。

　　在镜子般的池塘里，有绿的浮萍，粉的荷花。就是那放牧的小弟弟，也喜欢戴着花环玩耍。

生动的描写呈现给读者一个绚丽多彩的世界。

好像一年四季的花朵，忽然在这一夜开放，又像天上的彩虹，纷扬着落在我们的土地上……

当我从这梦中醒来，我又编织着另一个梦境：我要像领着小弟弟、小妹妹那样，领着这些花朵开始春天的旅行。

去给山冈披一件花的衣衫，去给小河镶两行彩色的花边，再给养蜂场周围的田野，铺上无边的鲜花的地毯。

在这里闻着花香，听着鸟语，把生活打扮得更加美丽。养蜂老爷爷会夸奖我们——送来的是花，也是蜜！

读中**学**写

我和大作家学构思：

在本文中，作者借助"我"奇特的梦境，把不同季节的鲜花巧妙地组合在一起，生动描写了百花盛开的美丽景象，抒发了作者对鲜花、对自然、对生活的热爱之情。与直接描写现实中的鲜花相比，这种构思使文章更曲折，更富情趣。

我和大作家学想象：

在五彩缤纷的鲜花面前，作者浮想联翩，想到大王莲能做小妹妹的摇篮，想到放牧的小弟弟也喜欢戴着花环玩耍，想到了领着花朵开始春天的旅行。丰富的想象不仅表现了作者对鲜花的喜爱之情，也反映了儿童对快乐的追求。

我的 好词好句 积累卡

好词： 簇拥　梦境　彩色缤纷　鲜花盛开

好句： 吊钟花在微风里轻轻地摇，鸡冠花把头昂得很高，泉边有天鹅绒般的青苔，茑萝花攀上了树梢。

好像一年四季的花朵，忽然在这一夜开放，又像天上的彩虹，纷扬着落在我们的土地上……

林焕彰

名家简介

　　林焕彰，1939年生，台湾省宜兰县人。20世纪60年代初开始发表作品，与同辈诗友发起成立过"龙族诗社"。曾任《布谷鸟儿童诗学季刊》总编辑。出版有《牧云初集》、《斑鸠与陷阱》、《童年的梦》、《小河有一首诗》、《妹妹的红雨鞋》等40余种新诗集、儿童诗集和诗论集。

课文再现

　　《影子》（人教版一年级上册）这首小诗以简洁、生动、形象的语言，向孩子们介绍了"影子"和"人"总是"形影不离"这一重要特点，活泼俏皮的语言写出了儿童生活的情趣。

小作家多多有话说 <<<<

　　在台湾作家林焕彰的作品中，像《影子》这样语言生动、富有童趣的儿童诗还有很多，《春天怎么来》和《小猫走路没有声音》就是其中的代表，让我们一起来读吧——

课外 链接

春天怎么来

春天怎么来？
花开了，
春天就从花朵里
跑出来。

春天怎么来？
草绿了，
春天就从绿色里
跳出来。

春天怎么来？
我高兴了，
春天就从我的心窝里
飞出来！

读中学写

我和大作家学选材：

在这首小诗中，作者选取了"花开了"、"草绿了"、"我高兴了"这三个角度，去描写春天的行踪，表现了儿童对春天的独特理解。这种选材抓住了春天的特征，表达了孩子们对春天的热爱之情。

我和大作家学动作描写:

　　为了回答"春天怎么来"这个疑问,作者连续运用了"跑、跳、飞"三个动词,在作者的笔下,春天不只是一个抽象的季节,更是一个活泼可爱的伙伴,传神的动作描写反映了儿童天真的心理,突出了春天带给孩子们的喜悦心情。

我的 好词 好句 积累 卡

　　好句:春天怎么来? 花开了,春天就从花朵里跑出来。

小·猫走路没有声音

小猫走路没有声音,
小猫穿的鞋子是
妈妈用最好的皮做的。

小猫走路没有声音,
小猫知道它的鞋子是
妈妈用最好的皮做的。

小猫走路没有声音,
小猫知道它的鞋子是
妈妈用最好的皮做的。
小猫爱惜它的鞋子。

这只小猫分明成了一个天真可爱的孩子。

小猫走路没有声音，
小猫知道它的鞋子是
妈妈用最好的皮做的。
小猫爱惜它的鞋子，
小猫走路轻轻地轻轻地。

小猫走路没有声音，
小猫知道它的鞋子是
妈妈用最好的皮做的。
小猫爱惜它的鞋子，
小猫走路就轻轻地轻轻地——
没有声音。

读中学写

我和大作家学构思：

这首小诗共有五节，从第三节开始，每一节都是前一节内容的重复和扩展，从而造成语句的多次重复。独特的结构方式既增强了诗歌的节奏感，也突出了"小猫走路没有声音"这一中心。

我和大作家学想象：

"走路没有声音"是小猫独特的生理特点。但在作者的想象里，这种特点成了妈妈的杰作，是妈妈用最好的皮给小猫做了一双特殊的鞋子，小猫因爱惜鞋子，才走路这么轻。这种奇特的想象反映了儿童天真、可爱的心理，也给诗歌增添了情趣。

我的好词好句积累卡

好句：小猫爱惜它的鞋子，小猫走路就轻轻地轻轻地——没有声音。

苏 轼

名家简介

　　苏轼（1037-1101），字子瞻，号东坡居士，宋代著名的文学家、书画家。与其父苏洵、其弟苏辙皆以文学名世，合称"三苏"。他们父子三人同列入"唐宋八大家"，在诗文、词赋乃至书画等诸方面造诣极高。作品收录在《东坡七集》、《东坡乐府》等书中。他的词题材新、形式新、风格新，词风雄壮豪迈，是"豪放派"的代表词人。

课文再现

　　《赠刘景文》（人教版二年级上册）是苏轼赠别好友写下的。诗人通过对秋末冬初景象的描写，说明冬景虽然萧瑟冷落，但也有硕果累累、成熟丰收的一面。诗人这样写，是用来比喻人到壮年，虽已青春流逝，但也是人生成熟、大有作为的黄金阶段，以此勉励朋友珍惜这大好时光，乐观向上、努力不懈，切不要意志消沉。

小作家多多有话说

　　古诗的取材范围很广，像课文中的赠别诗就是古人常写的。广泛的题材中，月亮自古以来都是文人墨客抒写的重要对象，下面两首小诗都与月亮有关，让我们通过这两首小诗，去感受宋代著名"豪放派"词人苏轼充满情趣的一面。

中秋月

暮云收尽溢清寒，银汉无声转玉盘。

此生此夜不长好，明月明年何处看。

诗词大意：

夜幕降临，云气收尽，天地间充满了寒气，银河流泻无声。皎洁的月儿转到了天空，就像玉盘那样洁白晶莹。我这一生中每逢中秋之夜，月光多为风云遮挡，很少碰到像今天这样的美景，真是难得啊！可明年的中秋，我又会到何处观赏月亮呢？

读中学写

我和大作家学借景抒情：

在中秋之夜，诗人没有一味沉浸在赏月的欣喜当中，而是展望明年中秋的情景，巧妙抒发了人生无常的感慨，给读者留下了悠长的回味。

我和大作家学比喻：

在这首诗中，作者把群星比喻成流动的河流，突出了星空静谧、变幻的特点，把月亮比喻成"玉盘"，突出了月亮圆而明亮的特点，流露出作者对中秋之月的喜爱之情。精当的比喻也显示了诗人丰富的想象力。

我的好词好句积累卡

好句：暮云收尽溢清寒，银汉无声转玉盘。

花 影

重重叠叠上瑶台，几度呼童扫不开。

刚被太阳收拾去，却教明月送将来。

诗词大意：

亭台上的花影一层又一层，几次叫童儿去打扫，可是花影怎么扫走呢？傍晚太阳下山时，花影刚刚隐退，可是月亮升起来，花影又重重叠叠出现了。

读中学写

我和大作家学动作描写：

本诗中的动作描写很生动。如一个"上"字，不仅表现了花影投在亭台上的景象，也把花影写活了，仿佛是一个淘气的孩子。一个"扫"字，再现了童儿忙碌的情形，富有生活情趣。

我和大作家学想象：

在诗人的想象中，花影不只是日光和月光照耀的结果，而是太阳和月亮有意为之，它们二者是一对密切合作的伙伴，轮番照在鲜花上，把美丽的花影留在人间。这种想象展现给读者一个美妙的神话世界，使本诗趣味盎然。

我的 好词好句 积累卡

好句：重重叠叠上瑶台，几度呼童扫不开。

张秋生

名家简介

　　张秋生，1939年8月生于上海市，现任《少年报》社副社长、副总编，《好儿童画报》主编，《童话报》主编。出版有儿歌、儿童抒情诗、童话诗、科学诗、寓言诗、讽刺诗等诗集20余部。20世纪80年代开始童话创作，先后出版有童话集《小巴掌童话百篇》、《小巴掌童话》、《哭泣的巧克力强盗》、《来自桦树林的蒙面盗》、《躲在树上的雨》等10多部。

课文再现

　　《称赞》（人教版二年级上册）一文通过小刺猬和小獾互相称赞，从而带给对方自信和力量的故事，突出了称赞的神奇功能。故事启发我们：在与他人交往的过程中，要学会称赞他人，因为只有这样，才能获得他人的称赞，并与他人建立融洽的关系。

小作家多多有话说

　　在作家丰富的想象里，森林里的小动物、一串动听的音符……它们都具有鲜明的形象和丰富的情感，让我们走进童话世界，看看作者笔下这些可爱的小家伙演绎了怎样的有趣故事。

课外 链接

一朵红玫瑰

雾来了。白白的雾在森林里。

小猴不敢下树，小鹿不敢出门，松鼠把头探出洞外，又缩了回去。尽管他们的肚子饿得咕咕叫了，也不敢出门找一顿早餐。

因为这太危险了。

说不定在雾里，会绊倒，会迷路，还会碰上老虎、狼和蟒蛇……

终于，雾散了，太阳露出了笑脸。

奇怪的是，小猴的树下放着一堆黄瓜；

到底是谁干的好事呢？这个悬念吸引着读者。

松鼠的树下有一串蘑菇；

小鹿家的门口，放着几个苹果……

是谁干的好事呢？谁也不知道。

小猴搔搔头皮，找来了松鼠、小鹿、小羊、小兔、豪猪、刺猬和小黑熊。

小猴说："是谁干了好事，给我们大伙儿送来了蘑菇和瓜果，我们应该感谢他。"

大伙儿都同意，可是没有谁站出来承认。

小猴朝大伙儿看了一眼，继续往下说："其实我早就知道是谁干的了，就在他干好事的时候，我偷偷在他胸前别上了一朵红玫瑰，可他还不知道呢！"

大伙儿立刻东张西望，找别人胸前的红玫瑰，只有小黑熊慌忙低头看自己的胸前。

小猴拍着巴掌笑了。他说："我知道是谁干的好事了，我代表大伙儿感谢他。"说着，小猴从身后拿出一朵红玫瑰，别在了小黑熊的胸前。

大伙儿鼓掌了。

这次，轮到小黑熊搔自己的头皮了，他不好意思地笑了……

我和大作家学构思：

在作者的笔下，森林不再是一个弱肉强食的世界，小黑熊不但不欺负小动物，还把很多好吃的东西偷偷放在小动物们的家门口，这种独特的构思，反映了儿童美好、善良的心灵。

我和大作家学动作描写：

传神的动作刻画是本文的重要特点，如"小黑熊慌忙低头看自己的胸前"、"搔自己的头皮"、"不好意思地笑了"等语句，把小黑熊憨厚、可爱的样子生动地刻画了出来，给读者留下了深刻印象。

我的 好词好句 积累卡

> **好词：**东张西望　慌忙　感谢
>
> **好句：**大伙儿立刻东张西望，找别人胸前的红玫瑰，只有小黑熊慌忙低头看自己的胸前。

一串快乐的音符

有一串快乐的音符。

他们是从哪里来的，连他们自己也搞不清楚。

也许是一位音乐家用提琴演奏出了他们；也许是个初学钢琴的女孩子在键盘上弹出了他们；也许是骑在牛背上的小牧童用短笛吹出了他们；也可能是个小男孩走在田埂上，用轻快的口哨吹出了他们……

反正，他们刚一获得生命，就串联在一起，快乐地飞跑在田野上。他们甚至来不及回头看一看，是谁奏出了他们。

他们从快乐的小鸟身边跑过，小鸟没有他们唱得好听；

他们从奔流的小溪身边跑过，小溪没有他们唱得深情。

他们跑过森林，跑过草丛，跑过群山间的峡谷……

欢快的音乐仿佛就回响在读者耳边。

小音符们不愿意停留下来，他们到处飞跑，多么高兴。

在城市的一幢小楼上，有一扇小窗开着，对着星星闪烁的夜空。小音符们感到很好奇，就钻了进去。

哦，里面有个白头发的老奶奶。她的老伴——一个挺温和、挺幽默的老爷爷去世了，老奶奶感到很孤独，她在思念老爷爷。

突然，她听到了从窗外飞进来的小音符们的歌。啊，多么熟悉的歌，这是老爷爷在年轻时就爱哼唱的歌。在老爷爷和老奶奶初次相识时，老爷爷就为老奶奶哼过这支快乐的曲子。后来这曲子陪伴老爷爷和老奶奶生活了很长的岁月……

音乐的作用是多么奇妙！

老爷爷虽然离去了，可这段快乐的歌还在。如今歌声又飞进来了，就像当年老爷爷在轻柔的月光下，轻轻地哼唱着。

老奶奶含着晶莹的泪花，她笑了，笑得很动情。

不知为什么，小音符们再也跑不动了，他们也不想跑了。小音符们手拉手地钻进了老奶奶的心里，他们愿意留在那里。

当老奶奶寂寞时，他们就轻轻地哼唱着。

唱着这支老奶奶熟悉的、老爷爷年轻时曾经哼唱过的曲子……

读中 学 写

我和大作家学写拟人句：

在作者的想象里，小音符们不再是没有生命的声音，而是一群快乐的生灵，有着美好的心灵，会主动为老人赶走孤独和寂寞。拟人手法的运用使小音符的形象更加生动，表达了作者对音乐的喜爱和赞美之情。

我和大作家学写排比句：

本文多处运用了排比手法。如写小音符们的身世，作者展现了四幅美好的生活图景，表现了音乐带给人们的无穷欢乐；"他们跑过森林，跑过草丛，跑过群山间的峡谷……"一句，则把音乐欢快、轻盈的特点生动地表现了出来。

我的 好词好句 积累卡

好词： 晶莹　幽默　孤独　动情
好句： 他们从快乐的小鸟身边跑过，小鸟没有他们唱得好听；他们从奔流的小溪身边跑过，小溪没有他们唱得深情。

牛 汉

名家简介

牛汉，原名史成汉，现当代著名诗人、文学家和作家，曾用笔名谷风。山西省定襄县人，蒙古族。1940年开始发表文学作品，主要写诗，近20年来同时写散文。曾任《新文学史料》主编、《中国》执行副主编。诗歌代表作有《悼念一棵枫树》、《半棵树》等，另有散文集《牛汉散文》、《萤火集》、《童年牧歌》等。

课文再现

《父亲和鸟》（人教版二年级上册）一文中，作者回忆了童年与父亲经过一片树林时的情景，通过与父亲之间的对话，表现了父亲对鸟生活习性的了解，反映了作者和父亲对鸟的关爱。

小作家多多有话说

每个人的童年故事各不相同，但相同的是，这些童年故事都那样令人怀念。让我们一起阅读下面的两篇短文，看看作家牛汉有哪些难忘的童年故事。

一窠八哥的谜

小时候，我不会养鸟，却有探险和猎取神秘事物的野性。

有一年的麦收季节，听说城墙上出现了一窠八哥，我在城墙下绕来绕去寻找。果然，听到了一丝儿很稚嫩而清脆的声音，似出壳不久的雏鸡的叫声。顺着细微的声音找去，终于望见了在高高城墙上的一孔洞穴里，四五张鲜红的小嘴正张着，像一束喇叭花悬挂在崖畔上，好看极了。我当下就想把它们掏下来。但壁立的城墙太高太陡，无法攀登。八哥的窠在城墙的上方，用梯子够不着，从城墙上用绳子缒下来一定可以掏着，但我不敢。我只能立在城墙跟前，仰起头望着那一窠神秘的八哥。

形象的比喻写出了小八哥可爱的样子，突出了作者的喜爱之情，为下文写作者掏八哥埋下伏笔。

记得父亲曾对我说过，县城墙最早是隋朝时筑的土城，明朝时包的青砖。墙面上已经有一些砖朽烂成窟窿，我异想天开，想攀登上去掏这窠八哥。

全村的孩子中，我最会爬墙上树，我相信自己会手扣着脚登着那些孔洞往上攀登，总有一天能把这窠八哥掏到手。

我天天练攀登，苦练了一二十天，一天比一天攀登得高。小八哥的爹妈从天空嗖的一声回到窠里喂食，翅膀又黑又亮，在我眼前一闪而过，随后从窠里伸出头，朝下望着我，吱吱地叫，我知道它们在咒骂我。有几次，我头发上落了雨点似的鸟粪，还有脏土。我心里明白，这是大八哥在对我进行反抗。

小八哥抖动着茸茸的羽毛，我闻到了奇异的鸟的气味，再往上攀登三五尺，就能够着八哥了。

一天清早，我来到城墙下，感到有点异样——没有听到小八哥的声息。前几天，我已听出小八哥的声音变得洪亮了起来，不再是嗷嗷待哺，而是牙牙学语，已经很像在歌唱。八哥的歌，一定不同于鸽子那种柔媚而混浊的声音，更不是麻雀粗糙的吵叫，也不同于村里八音会上的任何一种乐器声。

整个城墙显得铁青铁青，千疮百孔，像死了一样。我顿时明白，八哥一家已经飞走了，已经移居到不可知的远方。

叫卖黄酒的小裁根告诉我，天亮前后，他看见有一朵黑亮的云彩，向滹沱河那个方向飞走了，那一定就是八哥一家。我伤心地趴在城墙上哭了半天。我知道小八哥还没长到该出飞的时候，它们如何在大鸟翅羽的扶托下逃到了远方，真是一个猜不透的谜。我为它们担忧。

我曾在村子上空看见成千上万只蜜蜂嗡嗡叫着，扶托着它们不会飞的蜂王，像金黄色的云朵从天空飞过，后来落在我家院子的老槐树下，父亲用涂了蜜的大笸篮把抱成团儿的蜂小心地收了下来，于是我家有了一窠蜜蜂，养在西房的屋顶上。

我想连那么小的蜜蜂都能扶托着蜂王飞，那窠小八哥一定能够让自己的父母扶托着飞走。但是我不大相信它们能飞得很远。我在村里村外到处寻找，没有发现八哥的踪影。它们究竟飞到什么地方？难道真的飞过了滹沱河，飞到了二十里远的北山上？是的，一定飞到了那个郁郁葱葱的鸟的世界。

> 丰富的想象，表现了作者对小八哥的喜爱之情，以及对它们命运的关注。

我这一辈子不会忘记这窠小八哥。而且直到现在也不明白：它们在大难临头的时候，如何能神奇地飞到了远方？

前几天，有个诗人听我讲述这个故事，沉思了一会儿，对我说："是小鸟自己飞的。在灾难面前，翅膀一下子就会长大长硬。"

我有点相信这个解释了。真的，是小八哥自己飞走的。我怎么会想不到这一点？

读中学写

我和大作家学心理描写：

作者在叙事中穿插了很多心理描写。如刚看到可爱的小八哥时，"当下就想把它们掏下来"；练习攀登时，坚信自己一定能把八哥掏到手；发现八哥飞走后，心中又充满了失望和感慨……这些细腻的心理描写，生动反映了作者对八哥的喜爱之情。

我和大作家学写好结尾：

"我怎么会想不到这一点？"作者以这个反问句结束全文，流露出对小八哥的由衷赞叹之情，也给读者留下了悠长的回味。

我的 好词好句 积累卡

好词： 稚嫩　柔媚　嗷嗷待哺　牙牙学语　千疮百孔　郁郁葱葱　大难临头

好句： 在高高城墙上的一孔洞穴里，四五张鲜红的小嘴正张着，像一束喇叭花悬挂在崖畔上，好看极了。

八哥的歌，一定不同于鸽子那种柔媚而混浊的声音，更不是麻雀粗糙的吵叫，也不同于村里八音会上的任何一种乐器声。

祖母的呼唤

在一篇文章里，我说过"鼻子有记忆"的话，现在仍确信无疑。我还认为耳朵也能记忆，具体说，耳朵深深的洞穴，天然地贮存着许多经久不灭的声音。这些声音，似乎不是心灵的忆念，更不是什么幻听，它是直接从耳朵秘密的深处飘响出来的，就像幽谷的峰峦缝隙处渗出的一丝一滴叮咚作响的水，这水珠或水线永不枯竭，常常就是一条河的源头。耳朵幽深的洞穴是童年牧歌的一个源头。

我十四岁离开家乡以后，有几年十分想家，常在睡梦中被故乡的声音唤醒，有母亲急促而沉重的脚步声，有祖母深夜在炕头因胃痛发出的压抑的呻吟。几十年之后，在生命承受着不断的寂闷与苦难时，常常能听见祖母殷切的呼唤。她的呼唤似乎可以穿透几千里的风尘与云雾，越过时间的沟壑与迷障：

> 日有所思，夜有所梦。作者对祖母的怀念之情跃然纸上。

"成汉，快快回家，狼下山了！"我本姓史，成汉是我的本名。

童年时，每当黄昏，特别是冬天，天昏黑得很突然，随着田野上冷峭的风，从我们村许多家的门口，响起呼唤儿孙回家吃饭的声音。男人的声音极少，总是母亲或祖母的声音。喊我回家的是我的祖母。祖母身体病弱，在许多呼唤声中，她的声音最细最弱，但不论在河边，在树林里，还是在村里哪个角落，我一下子就能在几十个声调不同的呼唤声中分辨出来。她的声音发颤，发抖，但并不沙哑，听起来很清晰。

有时候，我在很远很远的田野上和一群孩子们逮田鼠，追兔子，用锹挖甜根苗（甘草），祖母喊出第一声，只凭感觉，我就能听见，立刻回一声："奶奶，我听见了。"挖甜根苗，常常挖到一米深，挖完后还要填起来，否则大人要追查。因为甜根苗多半长在地边上，时间耽误一会儿，祖母又喊了起来："狼下山了，狼过河了，成汉，快回来！"偶然有几次，听到母亲急促而愤怒地呼吼："你再不回来，不准进门！"祖母的声音拉得很长，充满韧性，就像她擀的杂面条那么细那么有弹力。有时全村的呼唤声都停息了，只要野成性的我还没回去，祖母焦急地一声接一声喊我，声音格外高，像扩大了几十倍，小河、树林、小草都帮着她喊。

大人们喊孩子们回家，不是没有道理。我们那一带，狼叼走孩子的事不止发生过一次。前几年，从家乡来的妹妹告诉我，我离家后，我们家大门口，大白天，狼就叼走一个两三岁的孩子。狼叼孩子非常狡猾，它从隐秘的远处一颠一颠不出一点声息地跑来，据说它有一只前爪总是贴着肚皮不让沾地，以保存这个趾爪的锐利，所以人们叫它瘸腿狼。狼奔跑时背部就像波浪似的一起一伏，远远望去，异常恐怖。它悄悄在你背后停下来，你几乎没有感觉。它像人一般站立起来，用一只前爪轻轻拍拍你的后背，你以为是熟人跟你打招呼，一回头，狼就用保存得很好的那个趾爪深深刺入你的喉部。因此，祖母常常警戒我：在野地走路，有谁拍你的背，千万不能回头。

祖母最后的呼唤声，带着担忧和焦急，我听得出来，她是一边吁喘，一边使尽力气在呼唤我啊！她的脚缠得很小，个子又瘦又高，总在一米七以上，走路时颤颤巍巍的，她只有托着我家的大门框才能站稳。久而久之，我家大门的一边门框，由于她几乎天天呼唤我回家，

> 生动的人物刻画，表现了祖母对"我"的关爱之情。

手托着的那个部位变得光滑而发暗。祖母如果不用手托着门框，不仅站不稳，呼唤声也无法持久。天寒地冻，为了不至于冻坏，祖母奇小的双脚不时在原地蹭踏，她站立的那地方渐渐形成两块凹处，像牛皮鼓面的中央，因不断敲击而出现的斑驳痕迹。

我风风火火地一到大门口，祖母的手便离开门框扶着我的肩头。她从不

骂我，至多说一句："你也不知道肚子饿。"

半个世纪来，或许是命运对我的赐予，我仍在风风雨雨的旷野上奔跑着，求索着；写诗，依我的体验，跟童年时入迷地逮田鼠、兔子，挖掘甜根苗的心态异常的相似。

祖母离开人世已有半个世纪之久了，但她那立在家门口焦急而担忧地呼唤我的声音，仍然一声接一声地在远方飘荡着：

"成汉，快回家来，狼下山了……"

我仿佛听见了狼的凄厉的嗥叫声。

由于童年时心灵上感触到的对狼的那种恐怖，在人生道路上跋涉时我从不回头，生怕有一个趾爪轻轻地拍我的后背。

"旷野上走路，千万不能回头！"祖母对我的这句叮咛，像警钟在我的心灵上响着。

读中学写

我和大作家学构思：

本文以耳朵对童年声音的深刻记忆开篇，最后以祖母一声深情的叮咛收尾，首尾照应，结构完整，不仅表达了对祖母的怀念之情，也含蓄地抒发了独特的人生感悟，使文章的中心更加突出。

我和大作家学动作描写：

作者在文中对祖母的动作描写非常传神，如"一边吁喘，一边使尽力气在呼唤我""祖母的手便离开门框扶着我的肩头"等语句，把祖母慈爱的形象生动地刻画了出来，突出了作者对祖母刻骨铭心的记忆，以及对祖母的深深怀念之情。

我的 好词好句 积累卡

好词：殷切　斑驳　凄厉　旷野　跋涉　确信无疑　经久不灭　风风火火

好句：祖母的声音拉得很长，充满韧性，就像她擀的杂面条那么细那么有弹力。

祖母焦急地一声接一声喊我，声音格外高，像扩大了几十倍，小河、树林、小草都帮着她喊。

苏霍姆林斯基

名家简介

瓦·阿·苏霍姆林斯基（1918-1970），苏联著名教育实践家和教育理论家，在世界上享有盛誉。苏霍姆林斯基在从事学校实际工作的同时，进行了一系列教育理论问题的研究，写有《给教师的一百条建议》、《把整个心灵献给孩子》、《巴甫雷什中学》、《公民的诞生》、《失去的一天》和《给女儿的信》等教育专著。

课文再现

《我不是最弱小的》（人教版二年级下册）一文讲述了这样一个动人的故事：在森林中突然遇到大雨，妈妈把雨衣递给托利亚，托利亚又把雨衣递给了萨沙，弱小的萨沙看到蔷薇花被大雨打掉了两片花瓣，就把雨衣轻轻地遮在蔷薇花上。萨沙学会了保护弱小者，萨沙不再是最弱小的了。

小作家多多有话说 <<<<

苏霍姆林斯基是世界著名的教育家，他把自己的一生都献给了教育事业和全世界的孩子们。阅读下面苏霍姆林斯基编写的两则小故事，看看自己能从中受到哪些教育或启示。

课外链接

因为我是人

夜幕降临。路上走着两个人，父亲和他7岁的儿子。路中间有一块石头。父亲没有发现石头，绊了一下，碰疼了脚，他很痛。他哼哼着绕过了石头，牵着孩子的手继续往前走。

第二天，父亲和儿子从原路往回走。父亲又没有发现石头，又绊了一下，碰疼了脚。

第三天，父亲和儿子又走这条路。离石头还很远。父亲对儿子说：

"儿子，仔细看着点儿。应该绕开石头。"

父亲两次绊倒、碰疼脚的地方到了。父亲和儿子放慢了脚步，但石头已经没有了。在路边上坐着一位灰白头发的老人。

"爷爷，"男孩问，"您在这里没有看到一块石头吗？"

"我把它从路上搬开了。"

"您也绊倒了，碰疼了脚？"

"没有，我没有绊倒，也没有碰疼脚。"

"那么您为什么要把石头搬开？"

"因为我是人。"

男孩迷惑不解地站在那里。

"爸爸，"他问，"难道您不是人？"

读中学写

我和大作家学语言描写：

本文主要是通过语言描写塑造人物形象的，尤其"因为我是人"一句，既包含着深刻的道理，也流露出对"爸爸"的批评，表现了老人的睿智。

我和大作家学写结尾：

　　人应该具有高尚的道德情操，要懂得把绊倒自己的石头搬走，留给他人方便。作者以儿子的反问结束全文，表面上是对老人回答的不解，实际上是对爸爸的巧妙讽刺。这个耐人寻味的结尾留给读者很多深思。

我的 好词 好句 积累卡

好词：绕开　夜幕降临　迷惑不解
好句："您也绊倒了，碰疼了脚？""没有，我没有绊倒，也没有碰疼脚。""那么您为什么要把石头搬开？""因为我是人。"

失去的一天

　　妈妈清晨去上班，她把九岁的佩佳叫醒，对他说："你已经放假了。你今天的任务是在农舍旁边栽一棵树，读完《远处的青山》这本书。"

　　佩佳想再睡一会儿，妈妈上班的时候睡觉才香呢！当他醒来时，太阳已经当空，他想马上开始干活儿，不过他又想了想：还来得及呢！

　　佩佳坐在一棵高大的绿阴如伞的桑树下，他想："我在这里坐一会儿再开始干活儿吧。"

　　然后他跑到果园里去，吃了一些鲜果，跟蝴蝶嬉戏了约莫半个小时，尔后又在桑树下坐了下来。

　　傍晚，妈妈回来了，她问儿子："说说看，孩子，你都干了些什么？"

　　可佩佳什么事也没做，他羞愧得不敢望着母亲的眼睛。

　　"可你要知道，我的孩子，现在地球上少栽一棵树，人们中间就少了一个知道什么叫《远处的青山》的人。现在，无论你多么努力，也无法了解你丢失的这一天所应了解的一切。走吧，我会告诉你，人们在你失去的这一天当中做了些什么事。"

　　妈妈把儿子领到一块刚犁过的田地上，用手指着说："昨天这里还是一片收割后的麦茬地,今天已全部翻耕了一遍。这是拖拉机手干的活儿。"

妈妈把儿子领到用砖砌成的墙跟前,说道:"这里早晨还只有花岗石打下的基脚,可现在已经是一堵用砖砌好的墙啦,瞧砌工干得多么出色。"

妈妈把儿子领到一座白色大楼跟前,这里的一切——空气也好,墙壁也好,甚至楼房前面的青草地也好——都散发出面包的芳香。

"这是面包房。早晨,这些面包还是面粉,可现在令人垂涎欲滴……面包师整天工作,汽车一开来,面包就运到商店里去了。"

最后,母子俩走进了图书馆。图书管理员指着一个大书架,书架上摆着很多书。

"这些书是今天大家看完的,是不久前刚还来的,而且又借走了同样这么多的新书。"

"可我却游手好闲……"佩佳想了想,低下了头。现在他明白了什么叫做"失去的一天"。

我和大作家学语言描写:

本文对妈妈的语言描写非常详细,表现了妈妈对儿子成长的期待和循循善诱,"现在,无论你多么努力,也无法了解你丢失的这一天所应了解的一切"等语句,不仅教育了儿子,也让读者深受启发。

我和大作家学心理描写:

细腻的心理描写是本文的又一特点,如:儿子在妈妈回来之前的懒惰,在妈妈回来后的羞愧以及受到妈妈教育后的领悟,都写得非常生动,儿子的这种心理变化过程,突出了妈妈善于启发和教育的特点。

我的 好词好句 积累卡

好词: 嬉戏　羞愧　散发　垂涎欲滴　游手好闲

好句: 现在,无论你多么努力,也无法了解你丢失的这一天所应了解的一切。
这里的一切——空气也好,墙壁也好,甚至楼房前面的青草地也好——都散发出面包的芳香。

杜 甫

名家简介

　　杜甫（712-770），字子美，自号"少陵野老"，盛唐著名的现实主义诗人，与李白并称"李杜"，人称"诗圣"。杜甫的诗作大多贯穿着忧国忧民的主线，以及对朝廷的腐败和社会黑暗的揭露和批评，真实深刻地反映了"安史之乱"前后的政治时事和广阔的社会生活画面，因而被称为"诗史"。其中《兵车行》、《春望》、《秋兴八首》等诗作，千百年来广为传诵，深受人们喜爱。

课文再现

　　在《绝句》（人教版二年级下册）一诗中，杜甫对窗外的景象进行了生动描写，鸣叫的黄鹂、飞翔的白鹭、高山的积雪、待发的船只，构成了一幅完美的图画。为我们展现了杜甫草堂周围多姿多彩、清新开阔的自然景观，流露出诗人愉悦的心情。

小作家多多有话说 <<<<

　　杜甫是中国伟大的诗人之一，有着"诗圣"的美誉，从其笔端流出的诗句被称为"诗史"。其诗最大的艺术特色是：诗人常将自己的主观感受隐藏在客观的描写中，让事物自身去打动读者。下面就让我们来阅读两首古诗来感受一下。

国破山河在，城春草木深。
感时花溅泪，恨别鸟惊心。
烽火连三月，家书抵万金。
白头搔更短，浑欲不胜簪。

诗词大意：

国家已经破碎不堪，只有山河还在。长安城里又是春天了，但是满目荒凉，到处长着又深又密的草木。虽然春花盛开，但看了却不使人愉快，而是让人流泪，觉得花好像也在流泪；虽然到处是春鸟和鸣，但由于和家人离别而心里忧伤，听了鸟鸣，不仅不高兴，还让人惊心。战乱持续了很长时间，家里已久无音信，一封家信可以抵得上万两黄金。由于忧伤烦恼，头上的白发越来越稀少，简直连簪子也别不住了。

读中学写

我和大作家学衬托手法：

这首诗中多处运用了衬托的手法。如以明媚的春光反衬长安城里荒凉的景象；以鸟语花香的情景反衬自己伤感的心情；以连绵不断的战火衬托家书的珍贵。这种衬托手法的运用，突出了诗人忧国忧民的高尚情怀。

我和大作家学情景交融：

如"感时花溅泪，恨别鸟惊心"两句，诗人为国家残破和亲人离别而伤心愁怅，所以看见繁花烂漫，反而痛苦流泪，听到鸟鸣也感到心惊。这样就把景物描写和情感抒发联系在一起了，情景交融，生动感人。

我的 好词好句 **积累卡** ✎

好句：感时花溅泪，恨别鸟惊心。烽火连三月，家书抵万金。

绝 句

迟日江山丽，春风花草香。
泥融飞燕子，沙暖睡鸳鸯。

诗词大意：

春光明媚，江山显得格外秀丽，春风吹拂，送来了花草飘香。泥土松软滋润，燕子戏飞，衔着湿软的泥土垒窝，一对对鸳鸯安静地睡在温暖的沙滩上。

读中 学 写

我和大作家学工整的对仗：

诗词中的对偶，叫做对仗。全诗对仗工整，又自然流畅，毫无雕琢之痕。如"丽"对"香"，突出诗人对春天强烈的感觉；"飞"对"睡"，一动一静，相映成趣，给人以和谐优美之感。

我和大作家学描摹景物：

全诗描摹景物清丽工致，浑然无迹。前两句中，诗人以"迟日"、"江山"、"春风"、"花草"组成一幅粗线勾勒的宏观场景；后两句则又以工笔细描燕子翩飞和鸳鸯慵睡的的特定画面，将春光的和谐旖旎之感表现得淋漓尽致。

我的 好词好句 **积累卡** ✎

好句：泥融飞燕子，沙暖睡鸳鸯。

安徒生

名家简介

　　安徒生，全名为汉斯·克里斯蒂安·安徒生，是丹麦19世纪著名的童话作家，世界文学童话创始人。这位童话大师一生共写了168篇童话和故事。其中《皇帝的新装》、《卖火柴的小女孩》、《丑小鸭》、《拇指姑娘》等名篇为世界人民所喜爱。

课文再现

　　《丑小鸭》（人教版二年级下册）一文讲述了这样一个故事：一只处处受排挤、受嘲笑、受打击的丑小鸭，心中一直怀着一个梦想，因为这个梦想，她在困难面前没有绝望，也没有消沉，而是通过不懈的奋斗，最终蜕变成一只美丽高贵的天鹅。故事告诉我们，只要有坚定的信念，并且坚持不懈地去奋斗，就能最终实现自己的梦想。

小作家多多有话说

　　安徒生的一生都致力于童话创作，他不仅向全世界读者展现了一个生动有趣的童话世界，更重要的是，他通过这些浅显易懂的故事，告诉了人们很多深刻的道理。阅读下面的两篇童话，看看自己从中可以得到怎样的启发。

课外链接

一个豆荚里的五粒豆

　　有一个豆荚，里面有五粒豌豆。许多星期过去了，这几粒豌豆变黄了，豆荚也变黄了。

　　忽然它们觉得豆荚震动了一下。豆荚被摘下来了，落到人的手上，跟许多别的丰满的豆荚在一起，溜到一件马甲的口袋里去。

　　"我们不久就要被打开了！"它们说。于是，它们就等待这件事情的到来。

　　"我倒想要知道，我们之中谁会走得最远！"最小的一粒豆说，"是的，事情马上就要揭晓了。"

　　"该怎么办就怎么办！"最大的那一粒说。

　　"啪！"豆荚突然裂开来了。那五粒豆子全都滚到太阳光里来了。它们躺在一个孩子的手中。这个孩子紧紧地捏着它们，说它们正好可以当做豆枪的子弹用。他马上安一粒进去，把它射了出来。

　　"现在我要飞向广大的世界里去了！如果你能捉住我，那么就请你来吧！"于是它就飞走了。

　　"我，"第二粒说，"我将直接飞进太阳里去。这才像一个豆荚呢，而且与我的身份非常相称！"于是它也飞走了。

　　"我们到了什么地方，就在什么地方睡。"其余的两粒说。"不过我们仍得向前滚。"因此它们在没有到达豆枪以前，就先在地上滚起来。但是它们终于被装进去了。"我们才会射得最远呢！"

　　"该怎么办就怎么办！"最后的那一粒说。它被射到空中去了。它被射到顶楼窗子下面的一块旧板子上，正好钻进了一个长满青苔和霉菌的裂缝里去。青苔把它裹起来。它躺在那儿不见了，可是我们的上帝并没忘记它。

　　在这个小小的顶楼里住着一个穷苦的女人。她白天到外面去擦炉子、锯木材，并且做许多类似的粗活，因为她很强壮，而且也很勤俭，不过她仍然是很穷。她有一个发育不全的独生女儿，躺在这顶楼上的家里。

她安静地、耐心地整天在家里躺着，她的母亲到外面去挣点生活的费用。这正是春天。一大早，当母亲正要出去工作的时候，太阳温和地、愉快地从那个小窗子射进来，一直射到地上。这个病孩子望着最低的那块窗玻璃。

<u>"从窗玻璃旁边探出头来的那个绿东西是什么呢？它在风里摆动！"</u>

母亲走到窗子那儿去，把窗打开一半。

"啊！"她说，"我的天，这原来是一粒小豌豆。它还长出小叶子来了。它怎样钻进这个隙缝里去的？你现在可有一个小花园来供你欣赏了！"病孩子的床搬得更挨近窗子，好让她看到这粒正在生长着的豌豆。

> 一个"探"字写出了豌豆可爱的情状，也反映出小女孩惊喜的心情。

"妈妈，我觉得我好多了！"这个小姑娘在晚间说，"我将爬起床来，走到温暖的太阳光中去。"

母亲并不相信事情就会这样。但一星期后，这个病孩子第一次能够坐一整个钟头。她快乐地坐在温暖的太阳光里。窗子打开了，它面前是一朵盛开的、粉红色的豌豆花。小姑娘低下头来，把它柔嫩的叶子轻轻地吻了一下。这一天简直像一个节日。

但是其余的几粒豌豆呢？嗯，那一粒曾经飞到广大的世界上去，并且还说过"如果你能捉住我，那么就请你来吧！"它落到屋顶的水笕里去了，在一个鸽子的嗉囊里躺下来。那两粒懒惰的豆子也被鸽子吃掉了。那第四粒呢，它本来想飞进太阳里去，但是却落到了水沟里，在脏水里躺了好几个星期，而且涨大得相当可观。

"我胖得够美了！"这粒豌豆说，"我胖得要爆裂开来。我想，任何豆子从来不曾、也永远不会达到这种地步的。我是五粒豆子中最了不起的一粒。"

水沟说它讲得很有道理。可顶楼窗子旁那个年轻的女孩子——她脸上射出健康的光彩，她的眼睛发着亮光——在豌豆花上面交叉着一双小手，感谢上帝。

读中学写

我和大作家学想象丰富：

在作者的笔下，五粒豌豆都具有了丰富的情感和鲜明的性格。文中生动的语言和心理描写，给读者留下深刻的印象，这些都显示了作者丰富的想象力。作者还借助想象为五粒豌豆安排了不同的命运，从而启发读者去思考人生的价值所在。

我和大作家学精彩结尾：

在讲述完一粒豌豆给小女孩带来的快乐和健康之后，作者在结尾还补充叙述了其他豌豆的命运。通过对他们截然不同的遭遇的描叙，突出了窗外那颗豌豆的重要价值，引人深思。

好词： 揭晓　相称　勤俭　可观　枝叶茂盛

好句： 窗子打开了，它面前是一朵盛开的、粉红色的豌豆花。小姑娘低下头来，把它柔嫩的叶子轻轻地吻了一下。这一天简直像一个节日。可顶楼窗子旁那个年轻的女孩子——她脸上射出健康的光彩，她的眼睛发着亮光——在豌豆花上面交叉着一双小手，感谢上帝。

豌豆上的公主

从前有一位王子，他想找一位公主结婚，但是她必须是一位真正的公主。所以他就走遍了全世界，要想寻到这样一位公主。可是无论他到什么地方，他总是碰到一些障碍。公主倒有的是，不过他没有办法断定她们究竟是不是真正的公主。她们总是有些地方不大对头。结果他只好回家来，心中很不快活，因为他是那么渴望得到一位真正的公主。

有一天晚上，忽然下起了一阵可怕的暴风雨。天空在掣电，在打雷，在下着大雨。这真有点使人害怕！这时有人在敲着城门。老国王就走过去开门。

站在城门外的是一位公主。可是，天哪！经过了风吹雨打以后，她的样子是多么难看啊！水沿着她的头发和衣服向下面流，流进鞋尖，又从脚跟流出来。她说她是一个真正的公主。是的，这点我们马上就可以考查出来，老皇后心里想，可是她什么也没有说。她走

> 如此狼狈的情景，谁会相信她是一位真正的公主呢？

进卧房，把所有的被褥都搬开，在床榻上放了一粒豌豆。于是她取出二十床垫子，把它们压在豌豆上。随后她又在这些垫子上放了二十床鸭绒被。

这位公主夜里就睡在这些东西上面。早晨大家问她昨晚睡得怎样。"啊，不舒服极了！"公主说，"我差不多整夜没有合上眼！天晓得我床上有件什么东西？有一粒很硬的东西硌着我，弄得我全身发青发紫。这真怕人！"

现在大家就看出来了，她是一位真正的公主，因为压在这二十床垫子和二十床鸭绒被下面的一粒豌豆，她居然还能感觉出来，除了真正的公主以外，任何人都不会有这么嫩的皮肤的。因此那位王子就选她为妻子了，因为现在他知道他得到了一位真正的公主。这粒豌豆因此也就送进了博物馆。如果没有人把它拿走的话，人们现在还可以在那儿看到它呢。

请注意，这是一个真的故事。

读中学写

我和大作家学夸张：

为了考查前来避雨的女孩是不是真正的公主，老皇后把一粒豌豆放在二十床垫子和二十床鸭绒被下面，即便如此，公主仍然抱怨不舒服极了。夸张手法的运用，既突出了公主皮肤娇嫩的特点，也给本文增添了情趣。

我和大作家学语言描写：

本文语言描写很生动，如"啊，不舒服极了……这真怕人"这几句，既突出了公主的皮肤非常娇嫩，也流露出了公主对主人的抱怨，这种娇惯的语气，非常符合公主的身份。

我的好词好句积累卡

好词： 障碍　断定　被褥　床榻　风吹雨打　不大对头

好句： 经过了风吹雨打以后，她的样子是多么难看啊！水沿着她的头发和衣服向下面流，流进鞋尖，又从脚跟流出来。

她是一位真正的公主，因为压在这二十床垫子和二十床鸭绒被下面的一粒豌豆，她居然还能感觉出来，除了真正的公主以外，任何人都不会有这么嫩的皮肤的。

普里什文

名家简介

普里什文（1873-1954），苏联作家，作品主要以"人与自然"为题材，倡导人与自然的和谐、平等、统一。他笔下的大自然生机勃勃，充满诗意和理智，每一种生灵都有各自的鲜明个性。主要作品有《大自然日历》、《大地的眼睛》、《人参》和《魔术家的锁链》等。

课文再现

《金色的草地》（人教版三年级上册）讲述了作者兄弟两人在草地上自由自在、尽情玩耍的情景，表现了童年生活的欢乐。草地不仅给他们的生活带来了快乐，还给他们带来了探索发现的喜悦，文章表达了作者对自然、对生活的热爱之情。

小作家多多有话说 <<<<

读完《金色的草地》这篇课文之后，你是否对文中美丽的自然景象充满向往？那就赶快阅读下面的两篇短文吧！通过阅读，你将会领略到只有在梦中才能见到的美丽景象。

课外链接

杨 花

白杨树上的鞭毛虫，它们正把杨花纷纷撒落下来。蜜蜂儿迎着太阳顶风飞着，犹如飞絮一般。你简直分辨不出，那是飞絮，还是蜜蜂，是植物种子飘落下来求生呢，还是昆虫在飞寻猎物。

静悄悄的，杨花蒙蒙飞舞，一夜之间就铺满了各处道路和小河湾，看去好像盖上了一层皑皑白雪。我不禁回想起了一片密密的白杨树林，那儿飘落的白絮足有一厚层。我们曾把它点上了火，火势就在密林中猛散开来，使一切都变成了黑色。

生动的景物描写，展示了大自然迷人的风采。

杨花纷飞，这是春天里的大事。这时候夜莺纵情歌唱，杜鹃和黄鹂一声声啼啭，夏天的鸲鹆也已试起歌喉了。

每一回，每一年春天，杨花漫天飘飞的时候，我心里总有说不出的忧伤：白杨种子的浪费，好像竟比鱼在产卵时的浪费更加大，这使我难受而不安。

在老的白杨树降白絮的时候，小的却把肉桂色的童装换为翠绿色的丽服：就像农村里的姑娘，在过年过节串门游玩的时候，时而这么打扮，时而那么打扮一样。

人的身上有大自然的全部因素：只要人有意，便可以和他身外所存在的一切互相呼应。

就说这根被风吹下来的白杨树枝吧，它的遭遇多么使我们感动：它躺在地下林道的车辙里，身上不止一天地忍受着车轮的重压却仍然活着，长出白絮，让风给吹走，带它的种子去播种……

拖拉机耕地，不能机耕的地方用马来耕；分垄播种机播种，不能机播的地方用筐子照老法子来播，这些操作的细节令人看不胜看……

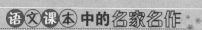

雨过后，炎热的太阳把森林变成了一座暖房，里面充满了正在生长和腐烂的植物的醉人芳香：生长着的是白桦的叶芽和纤茸的春草，腐烂的是别有一种香味的去岁的黄叶。旧干草、麦秆以及长过草的浅黄色的土墩上，都生出了芊绵的碧草。白桦的花穗也已绿了。白杨树上仿佛小毛虫般的种子飘落着，往一切东西上面挂着。就在不久以前，去岁硬毛草的又高又浓又密的圆锥花序，还高高地兀立着，摇来摆去，不知吓走了多少兔子和小鸟。白杨的小毛虫落到它身上，却把它折断了，接着新的绿草又把它覆盖了起来。不过这不是很快的，那黄色的老骨骼还长久地披着绿衣，长着新春的绿色的身体。

第三天，风来撒播白杨的种子了。大地不倦地要着越来越多的种子。微风轻轻送来，飘落的白杨种子越来越多。整个大地都被白杨的小毛虫爬满了。尽管落下的种子有千千万，而且只有其中的少数才能生长，却毕竟一露头就会成为翁茸的小白杨树林，连兔子在途中遇上都会绕道而过。

> 哪怕只有一棵能够成活，白杨也不知疲倦地播撒自己的种子，多么执著的精神啊。

小白杨之间很快会展开一场斗争：树根争地盘，树枝争阳光。因而人就把它们疏伐一遍。长到一人来高时，兔子开始来啃它的树皮吃。好容易一片爱阳光的白杨树林长成，那爱阴影的云杉却又来到它的帷幕下面，胆怯地贴在它的身边，慢慢地长过它的头顶，终于用自己的阴影绝灭了爱阳光的不停地抖动着叶子的树木……

当白杨林整片死亡，在它原来地方长成的云杉林中西伯利亚狂风呼啸的时候，却会有一棵白杨侥幸地留存在附近的空地上，树上有许多洞和节子，啄木鸟来凿洞，椋鸟、野鸽子、小青鸟却来居住，松鼠、貂常来造访。等到这棵大树倒下，冬天的时候附近的兔子便来吃树皮，而吃这些兔子的，则是狐狸。这里成了禽兽的俱乐部，整个森林世界都像这棵白杨一样，彼此有千丝万缕的联系，都应该描绘出来。

我竟倦于看这一番播种了，因为我是人，我生活在悲伤和喜悦的经常交替之中。现在我已疲乏，我不需要这白杨，这春天，现在我仿佛感到，连我的"我"也溶解在疼痛里，就连疼痛也消失了——什么都不存在了。我默默地坐在老树桩上，把头捂在手里，把眼盯在地上，白杨的小毛虫落了我一身，也毫不在意。无所谓坏的，无所谓好的……我之存在，像一颗撒满白杨种子的老树桩的延续。

但是我休息过来了，惊讶地从异常欢愉的安谧之海中恍然苏醒，环视了四周，重新看到了一切，为一切而欣喜。

我和大作家学拟人：

作者在文中采用了拟人的表现手法，赋予动物和植物鲜活的形象，自然流露出了作者对大自然的热爱之情。欢快的夜莺、顽强的白杨、胆怯的云杉、顽皮的兔子等，都给读者留下了深刻的印象。

我和大作家学借景抒情：

美丽的景色令人陶醉，但作者在欣喜之余，还联想到白杨成活的艰难，表达了对白杨顽强生命力的赞叹，抒发了自己独特的人生感悟。

我的好词好句积累卡

好词：安谧　皑皑白雪　纵情歌唱　漫天飘飞　狂风呼啸　千丝万缕

好句：白杨树上的鞭毛虫，它们正把杨花纷纷撒落下来。蜜蜂儿迎着太阳顶风飞着，犹如飞絮一般。你简直分辨不出，那是飞絮，还是蜜蜂，是植物种子飘落下来求生呢，还是昆虫在飞寻猎物。

春天的转变

白天，空中的一个高处挂着"猫尾巴"，另一个高处云团浮沉，有如一大队数不清的船只。我们真不知道天会刮旋风，还是逆旋风。

到了傍晚，才都明显起来：正是在今天傍

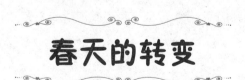

这个过渡段在照应题目的同时，也自然地完成了场景的切换。

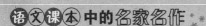
晚，梦寐以求的转变开始了，没有打扮的春天要转变为万物翠绿的春天了。

我们到一片野生的森林中去侦察。云杉和白桦之间的木墩上残留着枯黄的芦苇，使我们回想起春天和秋天的时候，这片森林该是如何密不透光、无法穿越的。我们是喜欢这种密林的，因为这里空气温暖宜人，万物春意深浓。突然近旁水光闪一闪，原来那是涅尔河，我们欢欣若狂，便奔了河岸去，仿佛一下子到了另一个气候温暖的国度，那里生活沸腾，沼泽上的百鸟争鸣不休，大鹬、沙锥好像小神马在阴暗下来的空中驰骋，野乌鸡呼唤着伴侣，白鹤几乎就在我们的身边发出喇叭般的信号……总之，这儿的一切都是我们所喜爱的，连野鸭也敢落在我们对面的澄清的水中。人的声音一点也没有；既没有鸟笛声，也没有发动机的嘟嘟声。

就在这个时刻，春天的转变开始了，万物生长，百花争艳。

##

我和大作家学景物描写：

本文的景物描写非常成功。一是善于抓住特点写景，如通过云的描写表现天气变化的前兆；通过鸟类的活动表现早春特有的美丽景象。二是融情入景，尤其是描写森林中的景象，字里行间流露出作者对大自然的热爱之情。

我和大作家学比喻：

作者在本文开头，对云的描写生动形象，这主要是因为运用了恰当的比喻。如把云团分别比喻成"猫尾巴"和"数不清的船只"，把形态各异的云朵生动地展现在读者眼前。

我的 好词好句 积累卡

好词：梦寐以求　万物翠绿　密不透光　欢欣若狂　百花争艳

好句：正是在今天傍晚，梦寐以求的转变开始了，没有打扮的春天要转变为万物翠绿的春天了。

我们是喜欢这种密林的，因为这里温暖宜人，万物春意深浓。

贾平凹

名家简介

　　贾平凹，1952年出生，陕西省丹凤县人，当代著名作家。1973年开始发表作品，1982年后从事专业创作，目前已出版的作品版本达300余种。代表作有《秦腔》、《高兴》、《心迹》、《爱的踪迹》等，曾多次获文学大奖。其作品被翻译成英语、法语、德语、俄语、越南语、日语、韩语等多种语言在世界20多个国家传播。

课文再现

　　在《风筝》（人教版三年级上册）这篇文章中，作者回忆了童年时候和伙伴们一起做风筝、放风筝、找风筝的情景，表现了伙伴们自由自在的生活和儿童特有的喜怒哀乐，同时也表达了作者对童年往事的追忆。

小作家多多有话说 ＜＜＜＜

　　《地平线》和《我的小桃树》两篇短文，都是贾平凹回忆童年生活的名作，与《风筝》一文不同的是，这两篇短文在表现童年快乐生活的同时，更多了几分对人生的思索。让我们在欣赏美文的同时，去感受作者细腻、丰富的情感世界吧。

课外链接

地平线

　　小时候，我才从秦岭来到渭北大平原，最喜欢骑上自行车在路上无拘无束地奔驰。庄稼收割了，又没有多少行人，空旷的原野上稀落着一些树丛和矮矮的屋。差不多一抬头，就看见远远的地方，天和地已经不再平行。天和地相接了，在相接处是一道很亮的灰白色的线，有树丛在那里伏着。

　　"啊，天到尽头了！"

　　我拼命向那树丛奔去，骑了好长时间，赶到树下，但天地依然平行；在远远的地方，又有一片矮屋，天地相接了，又出现了那道很亮的灰白色的线。

　　一个老人迎面走来，胡子飘在胸前，悠悠然如仙翁。

　　"老爷子，你是天边来的吗？"我问。

　　"天边？"

　　"就是那一道很亮的灰白线的地方。去那儿还远吗？"

充满童趣的问题，生动反映了作者小时候天真的心理和丰富的想象力。

　　"孩子，那是永远走不到的地平线呢。"

　　"地平线是什么？"

　　"是个谜吧。"

　　我有些不太懂了，以为他是骗我，就又对准那一道很亮的灰白色线上的矮屋奔去。然而我失败了，矮屋那里天地平行，又在远远的地方出现了一道地平线。

　　我坐在地上，咀嚼着老人的话，想这地平线，真是谜了。正因为是谜，我才要去解，跑了这么一程，它为了永远吸引着我和跟我有同样兴趣的人去解，才永远是个谜吗？

　　从那以后，我一天天长大起来，踏上社会，生命之舟驶进了生活的大海。但我却记住了这个地平线，没有在生活中沉沦下去，虽然时有艰苦、寂寞。命运和理想是天和地的平行，但又总有相接的时候。那个高度融合的统一的很亮的灰白的线，总是在前边吸引着你。永远去追求地平线，去解这个谜，人生就充满了新鲜、乐趣、奋斗和无穷无尽的精力。

读中学写

我和大作家学巧妙构思：

本文构思很巧妙，如作者在文中多次描写天和地相接处那道很亮的灰白色的线，既照应了标题，又推动了情节的发展，使得文章内容富有层次感。同时，也为后文写"人生的地平线"作了铺垫。

我和大作家学巧妙抒情：

很多人都有过和作者类似的有趣经历，但作者没有把思维停留在童年生活的情趣上，而是由追逐地平线的经历，自然联想到人生的地平线，既表达了作者对理想的不懈追求，也深化了文章的主旨。

我的好词好句积累卡

好词：咀嚼　寂寞　融合　奔驰　空旷　悠悠然　无穷无尽　无拘无束

好句：命运和理想是天和地的平行，但又总有相接的时候。

永远去追求地平线，去解这个谜，人生就充满了新鲜、乐趣、奋斗和无穷无尽的精力。

我的小桃树

我常想给我的小桃树写点文章，却没写出一个字来。只是自个儿忏悔，又自个儿安慰，说：我是该给它写点什么了。

今天下雨，早晨起来就淅淅沥沥的，我还高兴地说：春雨今年来得这么早！一边让雨淋湿我的头发，一边还想去田野悠然地踏青呢。那雨却下得大了，而且下了一整天。我闭了柴门，倚窗坐下，看我的小桃树，枝条被风雨摇

撼着，花一片片落了，大半陷在泥里，三点两点地在黄水里打着旋儿。它瘦了许多，昨日的容颜全然褪尽了，可怜它太小了，才开了一次花。我再也不忍看了，我万般无奈。唉，往日我多么傲慢，多么矜持，原来也是个屠头。

那是好多年前的秋天，我们还是孩子。奶奶从市集回来，带给我们一人一只桃子。她说："吃吧，这是'仙桃'。含着桃核儿做一个梦，谁看见桃花开了，就会幸福一生呢。"我们都认真起来，含了桃核爬上床去。我却怎么也不能安睡，想起这甜甜的梦是做不成了，又不甘心不做，就爬起来，将桃核儿埋在院子角落里，想让它在那儿蓄着我的梦。

秋天过去了，又过了一个冬天，孩子自有孩子的快活，我竟将它忘却了。春天的一个早晨，奶奶扫院子，突然发现角落里拱出一点嫩绿儿，便叫道："这是什么呀？"我才恍然记起了它，它是从土里长出来了。

它长得很委屈，是弯弯头，紧抱着身子的。第二天才舒展开身来，瘦瘦的、黄黄的，似乎一碰便立即会断。大家都笑话它，奶奶也说："这种桃树是没出息的，多好的种子，长出来，却都是野的，结些毛果子，须得嫁接才

行。"我却不大相信，执著地偏要它将来开花结果。

因为它长的不是地方，谁也不再理会，惹人费神的倒是那些盆景。爷爷是喜欢服侍花的，在屋里，院里，门道里，摆满了各种各样的花草。春天花市一盛，附近的人多来观赏，爷爷便每天一早喊我们从屋里一盆一盆端出去，天一晚又一盆一盆端进来，却从来不想到我的小桃树。它却默默地长上来了。

它长得不慢，一个春天长上两尺来高，我十分高兴了：它是我的，它是我的梦种儿长的。我想我的姐姐弟弟，他们那含着桃核儿做下的梦，或许已经早忘却了，但我的桃树却使我每天能看见它。我说，我的梦是绿色的，将来开了花，我会幸福呢。

也就在这年里，我到城里上学去了。走出了山，来到城里，我才知道我的渺小：山外的天地这般大，城里的好景这般多。我从此也有了血气方刚的魂魄，学习呀，奋斗呀，一毕业就走上了社会，要轰轰烈烈地干一番事业了，那家乡的土院，那土院里的小桃树，便再没去想了。

　　但是，我慢慢发现我的幼稚，我的天真。人世原来有人世的大书，我却连第一行文字还读不懂呢。我渐渐地大了，脾性也一天天地坏了，常常一个人坐着发呆。心境似蒙上了一层暮气。就在这时候，奶奶去世了，我连夜从城里回到家，家里等我不及，奶奶已经下葬了。看着满屋的混乱，想着奶奶往日的容颜，不觉眼泪流了下来，对着灵堂哭了一场。

> 真挚的感情，让读者为之动容。

　　黄昏时候，在窗下坐着，往外一望，却看见我的小桃树。它还在长着，弯弯的身子，努力撑着枝条，已经有院墙高了。这些年来，它是怎样长上来的呢？爷爷的花市早不陈列了，花盆一垒一垒地堆在墙根，它却长着。弟弟说：那桃树被猪拱过一次，要不早就开花了。他们嫌长的不是地方，又不好看，曾想砍掉它，奶奶却不同意，常常护着，给它浇水。

　　啊，小桃树，我怎么将你撅在这里，而漂流异乡，又漠漠地忘却呢？看着桃树，想起没能再见一面的奶奶，我深深懊丧，对不起奶奶，对不起我的小桃树。

　　如今它开了花，虽然长得弱小，骨朵儿也不见繁，而一夜之间竟全开了呢。可是总嫌我的小桃树没有那"灼灼其华"的盛况。一颗"仙桃"的种子，却开得太白太淡了，花瓣儿单薄得似纸，没有肉的感觉，没有粉红的感觉，像是患了重病的姑娘，苍白的脸，偏又苦涩地笑着。我忍不住几分忧伤，泪珠儿又要下来了。

　　花幸好并没有立即谢去，就那么一树，孤零零地开在墙角。我每每看着它，却发现从来没有一只蜜蜂、一只蝴蝶飞绕。可怜的小桃树。我不禁有些颤抖了，这花莫不就是我当年要做的梦的精灵么？

　　雨却这么大的下着，花瓣纷纷零落。我只说有了这场春雨，花会开得更艳，香会蓄得更浓；谁知它却这么命薄，受不得这么大的福分，片片付给风雨了？我心里喊着我的奶奶。

　　雨还在下着，我的小桃树千百次地俯下身去，又千百次地挣扎起来，一树的花一片、一片，洒落得变成赤裸的了。就在那俯地的刹那，我突然看见树的顶端，高高的一枝上，竟还保留着一个欲绽的花苞，嫩红的，在风中摇着，却没有掉下去，像风浪里航道上远远的灯塔，闪着时隐时现的光。

> 生动的描写，表现了桃树顽强不屈的精神。

我心里稍稍有了些安慰。啊，我的小桃树啊！我该怎么感激你，你到底还有一个花苞呢，明日一早，你会开吗？你开的是灼灼的吗？香香的吗？你那花是会开得美的，而且会孕育出一个桃儿来的。我还叫你是我的梦的精灵，对吗？

读中学写

我和大作家学构思：

在这篇文章中，明线是写桃树，暗线是怀念奶奶，作者借助对桃树的描写和对往事的回忆，表达了对奶奶的深切怀念之情，抒发了独特的人生感悟。情与景、事与理相互交织，显示了作者匠心独运的巧妙构思。

我和大作家学状物：

作者对桃树的描写非常生动，尤其是描写桃树在雨中挣扎的情景，"千百次地俯下身去，又千百次地挣扎起来"等语句，一方面突出了风雨的猛烈，另一方面也表现了桃树顽强的生命力，表达了作者对桃树的赞美之情。

我的 好词好句 积累卡

好词： 摇撼　容颜　孤零零　淅淅沥沥　万般无奈　血气方刚　轰轰烈烈　时隐时现　漂流异乡

好句： 一颗"仙桃"的种子，却开得太白太淡了，花瓣儿单薄得似纸，没有肉的感觉，没有粉红的感觉，像是患了重病的姑娘，苍白的脸，偏又苦涩的笑着。

林清玄

名家简介

　　林清玄，笔名秦情，1953年生于中国台湾省高雄旗山。曾任台湾"《中国时报》"海外版记者、《工商时报》经济记者、《时报杂志》主编等职。1973年开始创作散文。他的散文文笔流畅清新，表现了醇厚、浪漫的情感，在平易中有着感人的力量。作品有散文集《莲花开落》、《冷月钟笛》、《金色印象》、《白雪少年》、《在云上》、《心田上的百合花》等。

课文再现

　　《和时间赛跑》（人教版三年级上册）一文讲述了作者因外祖母去世，一度陷入痛苦之中难以自拔，通过爸爸的教育、引导和自己的生活体验，作者最终明白了珍惜时间的重要性。

小作家多多有话说

　　通过《和时间赛跑》一文的阅读，我们从作家林清玄的亲身经历中，真切地体会到了时间的珍贵。阅读下面两则寓意深刻的故事，你同样会有很多收获。

课外 链接

故乡的水土

第一次出国，妈妈帮我整行李，在行李整得差不多的时候，她突然拿出一个透明的小瓶子，里面装着黑色的东西。

"把这个带在行李箱里，保佑旅行平安。"妈妈说。

"这是什么密件？"

妈妈说："这是我们门口庭抓的泥土和家里的水。你没听说旅行如果会生病，就是因为水土不服，带着一瓶水土，你走到哪里，哪里就是故乡，就不会水土不服了。"

一个装有故乡水土的小瓶子，包含着妈妈对作者无尽的关爱和牵挂。

妈妈还告诉我，这是我们闽南人的传统，祖先从唐山过台湾时，人人都带着一些故乡的泥土，一点随身携带、一点放在祖厅、一点撒在田里，因为故乡水土的保佑才使先人在蛮荒之地，垦出富庶之乡。

此后，我每次出门旅行，总会随身携带一瓶故乡的水土，有时候在客域的旅店，把那瓶水土拿出来端详，就觉得那灰黑色的水土非常美丽，充满了力量。

故乡的水土生养我们，使我们长成顶天立地的男儿，即使漂流万里，在寂寞的异国之夜，也能充满柔情与壮怀。

那一瓶水土中不仅有着故乡之爱，还有妈妈的祝福，这祝福绵长悠远，一直照护着我。

读中学写

我和大作家学心理描写：

一瓶故乡的水土，多么普通，但在在客域的旅店，作者却觉得它"非常美丽，充满了力量"，这种描写，把作者对故乡和亲人的眷恋之情，生动地表现了出来。

我和大作家学写结尾：

作者借助妈妈之口，讲述完故乡水土的故事之后，在最后两段采用抒情和议论的表达方式结尾，既抒发了对故乡的热爱之情，也表达了对妈妈的感激之情，同时点明了本文的中心。

我的 好词好句 积累卡

> **好词：** 行李　端详　保佑　水土不服　随身携带　蛮荒之地　富庶之乡　绵长悠远
>
> **好句：** 故乡的水土生养我们，使我们长成顶天立地的男儿，即使漂流万里，在寂寞的异国之夜，也能充满柔情与壮怀。

梅 香

一个有钱的富人，正在自家的花园里赏梅花。

那是冬日寒冷的清晨，艳红的梅花正以最美丽的姿容吐露，富人颇为自己的花园里能开出这样美丽的梅花而感到无比的快慰。

突然，门外传来敲门的声音，富人去开了门，发现一个衣衫褴褛的乞丐，在寒风里冻得直打抖，那乞丐已在这开满梅花的园外冻了一夜，他说："先生，行行好，可不可以给我一点东西吃？"

富人请乞丐在园门口稍稍等候，转身进入厨房，端来一碗热腾腾的饭菜，他布施给乞丐的时候，乞丐忽然说："先生，您家里的梅花，真是非常芳香呀！"说完了，转身走出去。

富人呆立在那里，感到非常震惊，他震惊的是：穷人也会赏梅花吗？这是自己从来不知道的。另一个震惊的是，花园里种了几十年的梅花，为什么自己从来没有闻到过梅花的芳香呢？

于是，他小心翼翼地，以一种庄严的心情，深怕惊动梅香似的悄悄走近梅花，他终于闻到了梅花那含蓄的、清澈的、澄明无比的芬芳，然后他濡湿的眼睛，流下了感动的泪水，为自己第一次闻到梅花的芳香。

是的，乞丐也能赏梅花，乞丐也能闻到梅花的香气，有的乞丐甚至在极度饥饿的情况下，还能闻到梅花清明的气息。

> 可见生活中并不缺少美，缺少的只是善于发现的心灵。

可见得，好的物质条件不一定能使人成为有品位的人，而坏的物质条件也不会遮蔽人精神的清明，一个人没有钱是值得同情的，一个人一生都不知道梅花的香气一样值得悲悯。

一个人的品质其实是与梅香相似的，是无形的，是一种气息，我们如果光是欣赏花的外形，就很难知道梅花有极淡的清香；我们如果不能细心地体会，也难以品味到一个人隐在外表内部的人格香气。

最可叹息的是，很少有人能回观自我，品赏自己心灵的梅香，大部分人空过了一生，也没有体会到隐藏在心灵内部极幽微但极清澈的自性的芳香。

能闻到梅香的乞丐也是富有的人。

现在，让我们一起以一种庄严的心情，走到心灵的花园，放下一切的缠缚，狂心都歇，观闻从我们自性中流露的梅香吧！

读中 学 写

我和大作家学心理描写：

本文对富人的心理描写非常细腻，尤其是对富人听到乞丐称赞梅花芳香时的心理活动的描写，以两个震惊，突出了乞丐精神的富有和富人精神的贫穷，鲜明的对比突出了文章的主旨。

我和大作家学叙议结合：

作者讲完富人和乞丐的故事之后，紧接着表达了自己对故事的看法，抒发了自己独特的人生感悟。尤其"能闻到梅香的乞丐也是富有的人"一句，以哲理深刻的论断揭示了文章的中心，使读者深受启发。

我的 好词 好句 积累卡

好词： 吐露　快慰　幽微　清澈　衣衫褴褛　小心翼翼

好句： 好的物质条件不一定能使人成为有品位的人，而坏的物质条件也不会遮蔽人精神的清明，一个人没有钱是值得同情的，一个人一生都不知道梅花的香气一样值得悲悯。

列夫·托尔斯泰

名家简介

　　列夫·托尔斯泰，19世纪末20世纪初俄国最伟大的文学家，也是世界文学史上最杰出的作家之一。代表作有长篇小说《战争与和平》、《安娜·卡列尼娜》、《复活》，以及自传体小说三部曲《童年》、《少年》、《青年》。列宁曾称颂他为具有"最清醒的现实主义"的"天才艺术家"。

课文再现

　　《七颗钻石》（人教版三年级上册）是一篇童话故事，讲述了地球上发生了大旱灾，许多人和动物都焦渴而死，一个小姑娘抱着水罐为生病的母亲找水，爱心使水罐一次又一次地发生着神奇的变化，最后水罐里涌出了一股巨大的清澈又新鲜的水流，从水罐里跳出的七颗钻石升到了天上，变成了七颗星星。故事启发我们：要懂得关心别人，要用爱心对待生活。

小作家多多有话说 <<<<

　　阅读童话故事，我们不能只把兴趣停留在曲折的故事情节上，还要通过这些生动的故事，去探求作家告诉我们的深刻道理。阅读下面的两篇短文，努力从中得到一些人生的启迪。

课外链接

天　鹅

　　一群天鹅排着队从寒冷的北方飞向温暖的南方。它们白天连着黑夜，黑夜连着白天地在汪洋大海上飞呀，飞呀，一刻也不停歇。天空挂着一轮明月，下面是一望无际的湛蓝海水。它们都累得精疲力竭了，还是不肯休息，仍然鼓动翅膀，继续飞着。那些身强力壮的老天鹅在前面带路，年小体弱的天鹅跟在后面。

　　飞在队伍最后面的一只小天鹅，它的体力已经耗尽了，尽管它还想鼓动翅膀，可再也飞不动了。只见它的翅膀一耷拉，就从天空坠落下来，而它的同伴们飞得越来越远，在朦胧的月色中，就像一片片洁白的云朵。小天鹅终于掉在水面上，它收起了翅膀，海水在它身下翻滚着，把它摇来摇去。天鹅群在皎洁的夜空中变成隐隐约约的一条白线，等天鹅群消失得无影无踪了，小天鹅才把脖子弯回来，闭上了眼睛。它一动也不动，任凭波涛翻滚的海水把它抬起来，又抛下去。拂晓前，海面上刮起了一阵阵小风，浪花溅到小天鹅雪白的胸脯上。它睁眼一看，东方已经升起火红的霞光，星星和月亮都黯然失色了。小天鹅深深吸了一口气，伸出脖子，鼓动起翅膀，擦着水面腾空而起。它飞得越来越高，在它下面的大海渐渐变得模糊了。它一往无前，飞呀，飞呀，向着温暖的地方飞去。它独自在神秘莫测的大海上空飞着，飞向同伴们所去的地方。

读中学写

我和大作家学动作描写：

　　本文对小天鹅的动作描写尤为生动。如"翅膀一耷拉"一句生动写出了小天鹅疲惫不堪的情形；天亮后，小天鹅"深深吸了一口气，伸出脖子，鼓动起翅膀，擦着水面腾空而起"这一连串的动作，生动再现了小天鹅起飞的情景，表现了它不屈的精神。

我和大作家学写好结尾：

作者以小天鹅独自飞翔的画面结束了全文，仿佛是一个特写镜头，给读者留下深刻印象。我们不禁会想——小天鹅能赶上它的同伴吗？它能否会顺利飞到温暖的地方？这种充满悬念的结尾，留给了读者很多想象空间。

好词：一望无际　汪洋大海　精疲力竭　身强力壮　无影无踪　黯然失色　神秘莫测　波涛翻滚

好句：只见它的翅膀一耷拉，就从天空坠落下来，而它的同伴们飞得越来越远，在朦胧的月色中，就像一片片洁白的云朵。

它动也不动，任凭波涛翻滚的海水把它抬起来，又抛下去。

好心的客店主人

从前有一个好心人，想尽可能多地为人们做善事，便开始琢磨怎么做才能不使任何人受委屈，让每一个人都受益，让每一个人都感到平等。

后来这个好心人想出了一个主意，在人来人往的地方建了一座客店，客店里置办齐了所有能让人们感到舒适和高兴的设施，在客店里造好了暖和的客房、上好的炉灶、木柴、灯火，库房里装满了各种粮食，地窖里储藏着蔬菜，还备有各种水果、饮料、床、被褥，里外的服装、靴子，把尽可能多的东西装备好。

好心人做完这一切之后就离开了，等着看结果怎么样。于是陆续有些善良的人来借住，吃点东西，喝点水，住上一夜，要不就呆上一两天，或者个把星期。有时谁需要就拿些衣服、靴子。用完了就收拾好，保持来之前的样子，以便别的旅客接着用。走的时候心里直感激那个不知道名字的好心人。

但有一次，却来了一伙大胆而粗鲁的恶人。他们随心所欲地抢光了店里所有的东西，而且为了这些财物起了纷争。开始是互相谩骂，接下来就是拳脚相向，甚至互相争抢，故意毁坏财物，只要别人拿不到就好。一直闹到把所有东西都毁坏完，这时，他们才感到又冷又饿，又开始互相埋怨起来，接着就骂起这客店的主人来，这里为什么搞得这么糟糕，连看门的人也不安排一个，准备的东西又这么少，为什么把形形色色的坏人都放了进来。而另一些人则说这客店根本就没什么主人，客店本身也造得不好。

这些人离开了客店，又冷、又饿、怒气冲冲，只是一味地骂着建造这个客店的主人。

当世上的人们不为灵魂，而只为肉体而生的时候，他们也是这样做的，他们毁坏着自己和他人的生活，却不知自责，只知互相指责，如果他们承认上帝，就连上帝一起指责，如果不承认上帝，而认为世界是自我建造的，那么就指责这个世界。

读中学写

我和大作家学鲜明对比：

在这篇短文中，作者分别刻画了两类旅客。善良人在客店得到了方便，心存感恩；而恶人却毁坏所有设施后，因饥寒交迫而迁怒于主人。鲜明的对比突出了恶人大胆粗鲁、野蛮无礼的特点。

我和大作家学精彩结尾：

本文最后一段可谓是点睛之笔，作者由前文的故事得出了发人深思的结论，指出了恶人之所以以怨报德，是因为他们为肉体，而不是为灵魂而生。这个结论启发读者：人不能只顾个人的利益得失，而要追求高尚的灵魂。至此，文章中心也就凸显出来。

我的好词好句积累卡

好词： 置办　人来人往　随心所欲　拳脚相向　形形色色　怒气冲冲

好句： 当世上的人们不为灵魂，而只为肉体而生的时候，他们也是这样做的，他们毁坏着自己和他人的生活，却不知自责，只知互相指责，如果他们承认上帝，就连上帝一起指责，如果不承认上帝，而认为世界是自我建造的，那么就指责这个世界。

李商隐

名家简介

　　李商隐，字义山，号玉溪生、樊南生，晚唐著名婉约派诗人。他的诗作文学价值很高，与杜牧齐名，并称"小李杜"；诗文与同时期的温庭筠风格相近，因此也被合称为"温李"，又与李贺、李白合称为"三李"。著有《李义山诗集》。

课文再现

　　《嫦娥》（人教版三年级上册）这首诗中，诗人大胆想象了嫦娥仙子在月宫中冷清、寂寞的情景，渲染了孤独凄清的气氛，反映了诗人孤独的心理。

小作家多多有话说 <<<<

　　李商隐与杜牧并称"小李杜"，顾名思义，他们在诗歌方面的艺术成就，甚至可以和李白、杜甫相提并论。阅读下面两首古诗，看看其中有哪些值得我们学习的写法。

课外链接

晚晴

深居俯夹城，春去夏犹清。
天意怜幽草，人间重晚晴。
并添高阁迥，微注小窗明。
越鸟巢干后，归飞体更轻。

诗词大意：

我居住在俯临夹城的幽僻之地，时值春末夏初，天气还有些清凉。久遭阴雨侵扰的幽草，忽遇晚晴，在落日的余晖下平添了许多生机。这时候云雾散尽，倚靠在栏杆上远望，视线更为遥远，夕阳的余晖洒在小窗上，光线显得微弱而柔和。天晴后，鸟巢干燥，鸟的羽毛也干了，归飞的体态更加轻盈。

读中学写

我和大作家学选材：

本诗题为《晚晴》，但诗人却很少正面描写太阳和晴空，而是抓住充满生机的小草、光线明亮的小窗和轻盈的飞鸟来写景物，既展现了夕阳映照下的美丽景象，也传递出了诗人轻松、喜悦的心情。选材可谓独特、巧妙。

我和大作家学融情入景：

在诗人笔下，生机勃勃的小草、柔和明媚的夕阳、体态轻盈的小鸟……这些景物构成一幅和谐、温馨的图画，字里行间融入了诗人当时欣慰愉悦、明朗乐观的情绪。

好句：天意怜幽草，人间重晚晴。

忆 梅

定定住天涯，依依向物华。
寒梅最堪恨，长作去年花。

诗词大意：

长年漂泊在异乡的土地上，由于内心苦闷，对美好的景物更加迷恋。看到眼前姹紫嫣红的美丽景象，我不禁对寒梅心生怨恨，它先春而开，到百花盛开时，却早已花凋香尽。

读中学写

我和大作家学巧妙抒情：

看到眼前姹紫嫣红的美丽景象，诗人自然联想到早春时节开放的梅花，但因为早过了梅花的花期，诗人心中充满遗憾，"最堪恨"三字巧妙地表达了诗人对梅花的喜爱之情，正话反说的手法也使本诗更富情趣。

我和大作家学用叠词：

在本诗中，"定定"流露出了诗人长期漂泊他乡的无奈，"依依"突出了诗人对美好自然景物的喜爱。叠词的使用不仅增强了语言的节奏感，而且使其中的感情得到了强化。

好句：寒梅最堪恨，长作去年花。

巴 金

名家简介

巴金（1904—2005），原名李尧棠，现代文学家、出版家、翻译家。被誉为"五四"新文化运动以来最有影响的作家之一，是20世纪中国杰出的文学大师、中国当代文坛的巨匠。巴金代表作有"激流三部曲"（《家》、《春》、《秋》），散文集《随想录》等。

课文再现

在《鸟的天堂》（人教版四年级上册）一文中，作者记叙了他和朋友两次经过"鸟的天堂"的所见所闻，具体描写了傍晚静态的大榕树和第二天早晨群鸟活动的景象。宽阔清澈的河流、充满生机的大榕树、活泼可爱的小鸟，构成了一幅高雅清幽的风景画，展示了一派美丽动人的南国风光，表达了作者对大自然生命力的热爱和赞美。

小作家多多有话说 <<<<

每一个著名的作家通常都有着不平凡的人生经历，阅读下面的两篇文章，了解一下巴金的童年经历了哪些难忘的事，又有哪些难忘的人。

课外 链接

狗

　　小时候我害怕狗。记得有一回在新年里，我到二伯父家去玩。在他那个花园内，一条大黑狗追赶我，跑过几块花圃。后来我上了洋楼，才躲过这一场灾难，没有让狗嘴咬坏我的腿。

　　以后见着狗，我总是逃，它也总是追，而且屡屡望着我的影子狺狺狂吠。我愈怕，狗愈凶。

　　怕狗成了我的一种病。

　　我渐渐地长大起来。有一天不知道因为什么，我忽然觉得怕狗是很可耻的事情。看见狗我便站住，不再逃避。

　　我站住，狗也就站住。它望着我狂吠，它张大嘴，它做出要扑过来的样子。但是它并不朝着我前进一步。

　　它用怒目看我，我便也用怒目看它。它始终保持着我和它中间的距离。

　　这样地过了一阵子，我便转身走了。狗立刻追上来。

作者与狗相持不下的情景仿佛就在读者眼前。

　　我回过头。狗马上站住了。它望着我恶叫，却不敢朝我扑过来。

　　"你的本事不过这一点点。"我这样想着，觉得胆子更大了。我用轻蔑的眼光看它，我顿脚，我对它吐出骂语。

　　它后退两步，这次倒是它露出了害怕的表情。它仍然汪汪地叫，可是叫声却不像先前那样地"恶"了。

　　我讨厌这种纠缠不清的叫声。我在地上拾起一块石子，就对准狗打过去。

　　石子打在狗的身上，狗哀叫一声，似乎什么地方痛了。它马上掉转身子夹着尾巴就跑，并不等我的第二块石子落到它的头上。

我望着逃去了的狗影，轻蔑地冷笑两声。

从此狗碰到我的石子就逃。

读中学写

我和大作家学巧妙构思：

本文故事始终围绕"我"与狗的故事展开，起初是"我"怕狗，后来再到"我"和狗相互对峙，再到最后则变成了狗怕"我"，而贯穿故事的，则是作者不断增强的勇气。作者通过这一变化过程，生动表现了狗外强中干的特点，寓意深刻。

我和大作家学场面描写：

作者与狗相持不下的场面，是本文的重点内容。作者通过这一部分的动作和神态描写，表现了狗"看人脸色"的特点，也反映了作者一步步增强的自信心。生动的场面描写扣人心弦，也使本文充满童趣。

我的 好词 好句 积累卡

好词：花圃　屡屡　轻蔑　猖狂狂吠　纠缠不清

好句：我站住，狗也就站住。它望着我狂吠，它张大嘴，它做出要扑过来的样子。但是它并不朝着我前进一步。它用怒目看我，我便也用怒目看它。它始终保持着我和它中间的距离。

木匠老陈

生活的经验固然会叫人忘记许多事情，但是有些记忆经过了多少时间的磨洗也不会消灭。

故乡里那些房屋，那些街道至今还印在我的脑子里。我还记得我每天到学堂去总要走过的木匠老陈的铺子。

木匠老陈那时不过四十岁光景，脸长得像驴子脸，左眼下面有块伤疤，嘴唇上略有几根胡须。大家都说他的相貌丑，但是同时人人称赞他的脾气好。

　　他平日在店里。但是他也常常到相熟的公馆里去做活，或者做包工，或者做零工。我们家里需要木匠的时候，总是去找他。我就在这时候认识他。他在我们家里做活，我只要有空，就跑去看他工作。

　　我那时注意的，并不是他本人，倒是他的那些工具：什么有轮齿的锯子啦，有两个耳朵的刨子啦，会旋转的钻子啦，像图画里板斧一般的斧子啦。这些奇怪的东西我以前全没有看见过。一块粗糙的木头经过了斧子劈，锯子锯，刨子刨，就变成了一方或者一条光滑整齐的木板，再经过钻子、凿子等等工具以后，又变成了各种各样的东西；像美丽的窗格，镂花的壁板等等细致的物件，都是这样制成的。

　　老陈和他的徒弟的工作使我的眼界宽了不少。那时我还在家里读书，祖父聘请了一位前清的老秀才来管教我们。老秀才不知道教授的方法，他只教我们认一些字，呆板地读一些书。此外他就把我们关在书房里，端端正正地坐在凳子上，让时间白白地过去。过惯了这种单调的生活以后，无怪乎我特别喜欢老陈了。

　　老陈常常弯着腰，拿了尺子和墨线盒在木板上面画什么东西。我便安静地站在旁边专心地望着，连眼珠也不转一下。他画好了墨线，便拿起锯子或者凿子来。我有时候觉得有些地方很奇怪，不明白，就问他，他很和气地对我一一说明。他的态度比那个老秀才的好得多。

　　家里的人看见我对老陈的工作感到这么大的兴趣，并不来干涉我，却嘲笑地唤我做老陈的徒弟，父亲甚至开玩笑地说要把我送到老陈那里学做木匠。但这些嘲笑都是好意的，父亲的确喜欢我。因此有一个时候我居然相信父亲真有这样的想法，而且我对老陈说过要跟他学做木匠的话。

　　"你要学做木匠？真笑话！有钱的少爷应该读书，将来好做官！穷人的小孩才学做木匠。"老陈听见我的话，马上就笑起来。

　　"为什么不该学做木匠？做官有什么好？修房子，做家具，才有趣啊！我做木匠，我要给自己修房子，爬到上面去，爬得高高的。"我看见他不相信我的话，把它只当做小孩子的胡说，我有些生气，就起劲地争论道。

　　"爬得高，会跌下来。"老陈随口说了这一句，他的笑容渐渐地收起来了。

　　"跌下来，你骗我！我就没有见过木匠跌下来！"

　　老陈看我一眼，依旧温和地说："做木匠修房子，常常拿自己性命来拼。

一个不当心在上面滑了脚，跌下来，不跌成肉酱，也会得一辈子的残疾。"他说到这里就埋下头，用力在木板上推他的刨子，木板查查地响着，一卷一起的刨花接连落在地上。他过了半响又加了一句："我爹就是这样子跌死的。"

我不相信他的话。一个人会活活地跌死！我没有看见过，也没有听见人说过。既然他父亲做木匠跌死了，为什么他现在还做木匠呢？我简直想不通。

"你骗我，我不信！那么你为什么还要做木匠？难道你就不怕死！"

"做木匠的人这样多，不见得个个都遭横死。我学的是这行手艺，不靠它吃饭又靠什么？"他苦恼地说。然后他抬起头来看我，他的眼角上嵌有泪珠。他哭了！

我看见他流眼泪，不知道要怎么办才好，就跑开了。

不久祖父生病死了，我也进了学堂，不再受那个老秀才的管束了。祖父死后木匠老陈不曾到我们家里来过。但是我每天到学堂去都要经过他那个小小的铺子。

有时候他在店里招呼我；有时候他不在，只有一两个徒弟在那里钉凳子或者制造别的物件。他的店起初还能够维持下去，但是不久省城里发生了巷战，一连打了三天，然后那两位军阀因为别人的调解又握手言欢了。老陈的店在这个时期遭到士兵的光顾，他的一点点积蓄都给抢光了，只剩下一个空铺子。这以后他虽然勉强开店，生意却很萧条。我常常看见他哭丧着脸在店里做工。他的精神颓丧，但是他仍然不停手地做活。我听说他晚上时常到小酒馆里喝酒。

又过了几个月，他的店终于关了门。我也就看不见他的踪迹了。有人说他去吃粮当了兵，有人说他到外县谋生去了。然而有一天我在街上碰见了他。他手里提着一个篮子，里面装了几件木匠用的工具。

"老陈，你还在省城！人家说你吃粮去了！"我快活地大声叫起来。

"我只会做木匠，我就只会做木匠！一个人应该安分守己。"他摇摇头微微笑道，他的笑容里带了一点悲哀。他没有什么大改变，只是人瘦了些，脸黑了些，衣服脏了些。

"少爷，你好好读书。你将来做了官，我来给你修房子。"他继续含笑说。

我抓住他的袖子，再也说不出一句话来。他告辞走了。他还告诉我他

在他从前一个徒弟的店里帮忙。这个徒弟如今发达了，他却在那里做一个匠人。

以后我就没有再看见老陈。我虽然喜欢他，但是过了不几天我又把他忘记了。等到公馆里的轿夫告诉我一个消息的时候，我才记起他来。

那个轿夫报告的是什么消息呢？

他告诉我：老陈同别的木匠一起在南门一家大公馆里修楼房，工程快要完了，但是不晓得怎样，老陈竟然从楼上跌下来，跌死了。

在那么多的木匠里面，偏偏是他跟着他父亲落进了横死的命运圈里。这似乎是偶然，似乎又不是偶然。总之，一个安分守己的人就这样地消灭了。

读中学写

我和大作家学语言描写：

作者在文中主要是通过与老陈的对话，塑造木匠老陈这一人物形象的。尤其"我学的是这行手艺，不靠它吃饭又靠什么？"、"一个人应该安分守己"等语句，把老陈朴实、善良、和蔼的特点，生动地表现了出来。

我和大作家学巧妙结尾：

作者在文末以轿夫的报告，讲述了木匠老陈的悲惨遭遇。这么一个朴实、善良的人，为什么却跌进了同他父亲一样横死的命运圈？作者通过这种结局，意在说明通过自己的劳动得到幸福这种极其平常的事情，在黑暗的旧社会却很难成为现实。

我的好词好句积累卡

好词： 萧条　军阀　聘请　眼界　端端正正　握手言欢　安分守己

好句： 生活的经验固然会叫人忘记许多事情，但是有些记忆经过了多少时间的磨洗也不会消灭。

在那么多的木匠里面，偏偏是他跟着他父亲落进了横死的命运圈里。这似乎是偶然，似乎又不是偶然。总之，一个安分守己的人就这样地消灭了。

萧 红

名家简介

萧红（1911—1942），原名张乃莹，中国现代著名女作家。黑龙江省呼兰县（现哈尔滨市呼兰区）人。1933年与萧军自费出版第一本作品合集《跋涉》。在鲁迅的帮助和支持下，1935年发表了成名作《生死场》。1936年，为摆脱精神上的苦恼东渡日本，在东京写下了散文《孤独的生活》、长篇组诗《砂粒》等。代表作为著名长篇小说《呼兰河传》。

课文再现

在《火烧云》（人教版四年级上册）这篇文章中，作者以生动的语言，详细描写了乡村傍晚火烧云从上来到下去的过程中色彩和形状的变化，表现了大自然景象的瑰丽和变幻无穷，表达了作者对火烧云的赞叹之情。

小作家多多有话说 <<<<

与平常人不同，作家不仅用双眼观察世界，更用心灵去感悟世界。阅读下面两篇散文，用心体会作者通过生动的描写，抒发了怎样独特的人生感悟。

课外 链接

梧 桐

张家老太太缝着一件小袄，越缝越懊丧。拿起水烟袋来抽烟了。一口烟还没有抽进去，她就骂起来。

"这是什么年头，这烟我没抽过，我活了这么大岁数，还跑到四川这地方……"她拔出烟管来，对着那烟管吹了一口。

"唾……好辣呀，我又喝了一口汤。"她把水烟袋一蹾就蹾在桌边上。

手里的纸火捻可仍旧没有灭，就用手指甲一弹，巧妙地就把火弹灭了。

"这叫什么房子呢，没有见过，四面露天，冬天我看……这还没过八月节呢，我这寒腿就有点疼了，看冬天可怎么过，不饿死，也要冻死。"

张家老太太是从关外逃来的，逃到上海，逃到汉口，现在是逃到重庆的乡下来了。

她正在缝着的那件小袄，是清朝做的，团花匝缎面，古铜雨绸里，现在是旧了，破了，经过几次的洗染，那团花都起毛了。

就又缝了几针，她越缝越生气，眼睛也老花了，屋子又黑，手也哆嗦，若是线从针孔脱掉，她费了三五分钟也穿不起。因为这房子没有窗子，只有两个小天窗。下雨的时候，那天窗的玻璃被打得啪啦啪啦地响。

夜里她想着一些过去的事情，睡不熟时，翻转的就总听着玻璃上是落着雨点。因为已经是秋天了，四川一到秋天是天天下雨的。

还有门外的两棵梧桐，也总是欺骗着那老太太，总是像落雨似的滴答滴答地滴着夜里的露水。从高处树叶掉到低处树叶上的水滴，是啪啪的，水滴落在地上，扑扑的，简直和落雨一样。夜里她常常起来看看外边是否有东西在院子里，其实她是一半寂寞，一半对这雨声的厌烦而起来的。偏偏她起来推开门去看的那几次，又都是露水。

过了这一阴雨的天，冬天就来了。冬天仍旧是下着雨，而且那梧桐叶子也一片一片地落了。又像下雨一样，因为有风才能落叶，风一来，那干枯的叶子彼此磕碰的声音，简直和下雨一样。那老太太又睡不着了。她的思乡的情绪，因为异地的风雨，时时波动着她。

> 真正令老人辗转反侧的不是这厌烦的雨声，而是让自己无家可归的战争。

但是竟有这么一天，她从街上回来了，抱着她的孙儿，一开门她就说："打胜仗了，就要打胜仗了。"她还没来得及说：这回可能回家了。

她的眼睛发亮了，她的心跳着，她说满街的茶馆都在闹嚷嚷地谈论。说苏联出兵了。她的儿子告诉她："妈，没有的事，那是谣言。您老擦一擦头发上的雨吧。"

她想，怎么，下雨了吗？她伸手一摸，手就湿了。摸摸小孙儿，那小头顶也湿了。她骂着："王八蛋的……可不是真的吗！"

她推开房门，看一看那两丈多高的梧桐树，的确，这回不是露水或落叶，而是真真的雨点了。

读中学写

我和大作家学语言描写：

文中的老太太总爱发牢骚，房子、梧桐树都成了她不满的对象，有时候她还会说"王八蛋的"这句粗话，这种个性鲜明的语言描写，塑造了老太太爽朗的性格特点，反映了她对因战争而流离失所的生活状况的强烈不满。

我和大作家学精彩结尾：

这次梧桐树没有欺骗老太太，天真的下雨了。而此时，也传来了战争胜利的消息。作者以这个神奇的巧合结束全文，既照应了标题，也引发了读者丰富的联想。

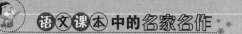

春意挂上了树梢

三月，花还没有开，人们嗅不到花香，只是马路上融化了积雪的泥泞干起来。天空打起朦胧的多有春意的云彩；暖风如轻纱一般浮动在街道上、院子里。春末了，关外的人们才知道春来。春是来了，街头的白杨树蹿着芽，拖马车的马冒着气，马车夫们的大毡靴也不见了，行人道上外国女人的脚又从长统套鞋里显现出来。笑声、见面打招呼声又复活在行人道上。商店为着快快地传播春天的感觉，橱窗里的花已经开了，草也绿了，那是布置着公园的夏景。我看得很凝神的时候，有人撞了我一下，是汪林，她也戴着那样小沿的帽子。

"天真暖啦！走路都有点热。"

看着她转过"商市街"，我们才来到另一家店铺，并不是买什么，只是看看，同时晒晒太阳。这样好的行人道，有树，也有椅子，坐在椅子上，把眼睛闭起，一切春的梦、春的谜、春的暖力……这一切把自己完全陷进去。听着，听着吧！春在歌唱……

"大爷，大奶奶……帮帮吧！……"这是什么歌呢，从背后来的？这不是春天的歌吧！

那个叫化子嘴里吃着个烂梨，一只脚肿得把另一只显得好像不存在似的。"我的腿冻坏啦！大爷，帮帮吧！唉唉……！"

有谁还记得冬天？阳光这样暖了！街树蹿着芽！

手风琴在隔道唱起来，这也不是春天的调，只要一看那个瞎人为着拉琴而扭歪的头，就觉得很残忍。瞎人他摸不到春天，他没有。坏了腿的人，他走不到春天，他有腿也等于无腿。

世界上这一些不幸的人，存在着也等于不存在，倒不如赶早把他们消灭掉，免得在春天他们会唱这样难听的歌。

> 这种奇怪的念头，突出了作者对社会现实的不满。

汪林在院心吸着一支烟卷，她又换一套衣裳。那是淡绿色的，和树枝发出的芽一样的颜色。她腋下夹着一封信，看见我们，赶忙把信送进衣袋去。

"大概又是情书吧！"郎华随便说着玩笑话。

她跑进屋去了。香烟的烟缕在门外打了一下旋卷才消灭。

夜，春夜，中央大街充满了音乐的夜。流浪人的音乐，日本舞场的音乐，外国饭店的音乐……七点钟以后，中央大街的中段，在一条横口，那个很响的扩音机哇哇地叫起来，这歌声差不多响彻全街。若站在商店的玻璃窗前，会疑心是从玻璃发着震响。一条完全在风雪里寂寞的大街，今天第一次又号叫起来。

外国人！绅士样的，流氓样的，老婆子，少女们，跑了满街……有的连起人排来封闭住商店的窗子，但这只限于年轻人。也有的同唱机一样唱起来，但这也只限于年轻人。这好像特有的年轻人的集会。他们和姑娘们一道说笑，和姑娘们连起排来走。中国人来混在这些卷发人中间，少得只有七分之一，或八分之一。但是汪林在其中，我们又遇到她。她和另一个也和她同样打扮漂亮的、白脸的女人同走……卷发的人用俄国话说她漂亮。她也用俄国话和他们笑了一阵。

中央大街的南端，人渐渐稀疏了。

墙根，转角，都发现着哀哭，老头子，孩子，母亲们……哀哭着的是永久被人间遗弃的人们！那边，还望得见那边快乐的人群。还听得见那边快乐的声音。

三月，花还没有，人们嗅不到花香。

夜的街，树枝上嫩绿的芽子看不见，是冬天吧？是秋天吧？但快乐的人们，不问四季总是快乐；哀哭的人们，不问四季也总是哀哭！

读中学写

我和大作家学景物描写：

本文由一段精彩的景物描写开篇，作者通过对云彩、暖风、白杨、小草等景物的生动描写，展现了关外地区暮春时节的独特景象。作者在景物描写当中，还融入了自己的主观感受，表达了对春天的喜爱之情，融情入景的手法使景物更有感染力。

我和大作家学场面描写：

随着天气的转暖，人们纷纷走上街头，于是到处是一番热闹非凡的景象。作者从人们的装束和动作方面，把这种热闹的场面生动地表现了出来，渲染了欢乐的气氛，表现了人们因天气变暖而轻松、愉快的心境。

我的好词好句积累卡

好词： 泥泞　朦胧　橱窗　凝神　稀疏

好句： 天空打起朦胧的多有春意的云彩；暖风和轻纱一般浮动在街道上、院子里。

春是来了，街头的白杨树蹿着芽，拖马车的马冒着气，马车夫们的大毡靴也不见了，行人道上外国女人的脚又从长统套鞋里显现出来。

但快乐的人们，不问四季总是快乐；哀哭的人们，不问四季也总是哀哭！

陆 游

名家简介

　　陆游（1125－1210），字务观，号放翁，南宋越州山阴（今浙江绍兴）人，著名爱国诗人。著有《剑南诗稿》、《渭南文集》等，数十个文集今尚存诗作九千三百余首，是我国现有存诗最多的诗人。

课文再现

　　《游山西村》（人教版四年级上册）是一首记游诗，诗人以真挚的感情和明朗的笔调，生动描绘了优美的山村风光和古朴的农家习俗，充满浓郁的生活气息。流露出诗人对农村生活的热爱和赞美之情。其中"山重水复疑无路，柳暗花明又一村"一句成为传诵千古的经典名句。

小作家多多有话说 <<<<

　　陆游是我国宋代著名的爱国诗人，他的很多诗作都浸透着感人至深的爱国情感。阅读下面的两首古诗，请在奇特的想象和热烈的情感中，感受诗人豪迈的胸怀。

课外链接

梅花绝句

闻道梅花坼晓风，雪堆遍满四山中。
何方可化身千亿，一树梅花一放翁。

诗词大意：

听说山上的梅花已经迎着晨风绽开，四周大山的山坡上一树树梅花似雪洁白。有什么办法可以把我的身子也化为几千几亿个？让每一棵梅花树前都有一个陆游常在。

读中学写

我和大作家学景物描写：

本诗一、二句的景物描写非常生动，如第一句中"坼晓风"一词，突出了梅花不畏严寒的傲然情态；第二句中则把梅花比喻成白雪，既写出了梅花洁白的特点，也表现了梅花开遍漫山遍野的盛况。

我和大作家学想象：

面对梅花盛开的美丽景象，诗人突发奇想，愿化身千亿个陆游，而每个陆游前都有一树梅花，这种丰富而大胆的想象，把诗人对梅花的喜爱之情淋漓尽致地表达了出来，同时也表现了诗人高雅脱俗的品格。

我的好词好句积累卡

好句：何方可化身千亿，一树梅花一放翁。

书 愤

早岁那知世事艰，中原北望气如山。
楼船夜雪瓜洲渡，铁马秋风大散关。
塞上长城空自许，镜中衰鬓已先斑。
出师一表真名世，千载谁堪伯仲间。

诗词大意：

年轻时哪里知道世事艰难，北望被金人侵占的中原气概有如高山。赞赏刘锜等曾乘着高大的战舰在雪夜里大破金兵于瓜洲渡口，吴璘等也曾骑着披甲的战马在秋风中大败金兵于大散关。我白白地自认为是边防上的长城，对镜照看衰老的头发早已花白。《出师表》这篇文章真是举世闻名，千年以来谁能与诸葛亮相媲美呢？

读中学写

我和大作家学对比：

对比是本诗用到的突出手法。如以诗人年轻时的壮举与今日衰颓对比，以诸葛亮积极进取的精神与当朝权臣的苟且偷生对比……诗人通过这些鲜明的对比，表达了对古代仁人志士的崇敬之情。

我和大作家学借古讽今：

借诸葛亮无人能比的丰功伟绩以及对国家的忠诚，讽刺当时没有这样的人物来策马中原，收复失地。

我的好词好句积累卡

好句：出师一表真名世，千载谁堪伯仲间。

老 舍

名家简介

　　老舍（1899-1966），原名舒庆春，字舍予，中国现代小说家、文学家、戏剧家。老舍的一生，总是在忘我地工作，他是文艺界当之无愧的"劳动模范"，发表了大量影响后人的文学作品，获得"人民艺术家"的称号。代表作有长篇小说《骆驼祥子》、《老张的哲学》、《四世同堂》；话剧《龙须沟》、《茶馆》等。

课文再现

　　在《猫》（人教版四年级上册）这篇课文中，老舍先生细致、生动地描述了猫的古怪性格和它满月时的淘气可爱，突出了猫老实、贪玩和尽职的特点，展现了猫与人之间互相信任、和谐相处的情景，表达了作者对猫的喜爱之情。

小作家多多有话说

　　通过对《骆驼祥子》、《猫》等作品的阅读，我们见识了老舍对平常人物、平常生活的观察和表现能力。让我们一起阅读下面的两篇文章，了解一下老舍本人的生活又是怎样的一番情景。

课外链接

吃莲花的

今年我种了两盆白莲。盆是由北平搜寻来的，里外包着绿苔，至少有五六十岁。泥是由黄河拉来的。水用趵突泉的。只是藕差点事，吃剩下来的菜藕。好盆好泥好水敢情有妙用，菜藕也不好意思了，长吧，开花吧，不然太对不起人！居然，拔了梗，放了叶，而且开了花。一盆里七八朵，白的！只有两朵，瓣尖上有点红，我细细地用檀香粉给涂了涂，于是全白。作诗吧，除了作诗还有什么办法？专说"亭亭玉立"这四个字就被我用了七十五次，请想我作了多少首诗吧！

这两盆白莲倾注了作者太多的心血！

这且不提。好几天了，天天门口卖菜的带着几把儿白莲。最初，我心里很难过。好好的莲花和茄子冬瓜放在一块儿，真！继而一想，若有所悟。啊，济南名士多，不能自己"种"莲，还不"买"些用古瓶清水养起来，放在书斋？是的，一定是这样。

这且不提。友人约游大明湖，"去买点莲花来！"他说。"何必去买，我的两盆还不可观？"我有点不痛快，心里说："我自种的难道比不上湖里的？真！"况且，天这么热，游湖更受罪，不如在家里，煮点毛豆角，喝点莲花白，作两首诗，以自种白莲为题，岂不雅妙？友人看着那两盆花，点了点头。我心里不用提多么痛快了。友人也很雅哟！除了作新诗向来不肯用这"哟"，可是此刻非用不可了！我忙着吩咐家中煮毛豆角，看看能买到鲜核桃不。然后到书房去找我的诗稿。友人静立花前，欣赏着哟！

这且不提。及至我从书房回来一看，盆中的花全在友人手里握着呢，只剩下两朵快要开败的还在原地未动。我似乎忽然中了暑，天旋地转，说不出话。友人可是很高兴。他说："这几朵也对付了，不必到湖中买去了。其实门口卖菜的也有，不过没有湖上的新鲜便宜。你这些不很嫩了，还能对付。"他一边说着，一边奔了厨房。"老田，"他叫着我的总管事兼厨子，

> 两盆诗情画意的白莲就这样完了，真令作者哭笑不得。

"把这用好香油炸炸。外边的老瓣不要，炸里边那嫩的。"老田是我由北平请来的，和我一样不懂济南的典故，他以为香油炸莲瓣是什么偏方呢。"这治什么病，烫伤？"他问。友人笑了。"治烫伤？吃！美极了！没看见菜挑子上一把一把儿的卖吗？"

这且不提。还提什么呢，诗稿全烧了，所以不能附录在这里。

读中学写

我和大作家学设悬念：

当作者忙着找自己的诗稿时，我们料定接下来肯定会是一个赏花、作诗的高雅场景，充满了期待。谁料友人居然把作者心爱的白莲全部"对付"了，这种急转直下的情节，大大出乎读者的意料，充满情趣。

我和大作家学构思：

在本文中，作者以四个"这且不提"，自然引出四个不同的生活场景，最终引出友人上演的闹剧，层层深入，结构巧妙。最后以"还提什么呢"一句收尾，作者懊恼、无奈的心情跃然纸上，也给读者留下了悠长的回味。

我的 好词 好句 积累卡

好词：搜寻　亭亭玉立　若有所悟　天旋地转

好句：及至我从书房回来一看，盆中的花全在友人手里握着呢，只剩下两朵快要开败的还在原地未动。我似乎忽然中了暑，天旋地转，说不出话。

济南的冬天

对于一个在北平住惯的人，像我，冬天要是不刮风，便觉得是奇迹；济南的冬天是没有风声的。对于一个刚由伦敦回来的人，像我，冬天要能看得见日光，便觉得是怪事；济南的冬天是响晴的。自然，在热带的地方，日光是永远那么毒，响亮的天气，反有点叫人害怕。可是，在北中国的冬天，而能有温晴的天气，济南真得算个宝地。

"温晴"和"宝地"概括表现了济南冬天的整体特点。

设若单单是有阳光，那也算不了出奇。请闭上眼睛想：一个老城，有山有水，全在天底下晒着阳光，暖和安适地睡着，只等春风来把它们唤醒，这是不是个理想的境界？小山整把济南围了个圈儿，只有北边缺着点口儿。这一圈小山在冬天特别可爱，好像是把济南放在一个小摇篮里，它们安静不动地低声地说："你们放心吧，这儿准保暖和。"真的，济南的人们在冬天是面上含笑的。他们一看那些小山，心中便觉得有了着落，有了依靠。他们由天上看到山上，便不知不觉地想起："明天也许就是春天了吧？这样的温暖，今天夜里山草也许就绿起来了吧？"就是这点幻想不能一时实现，他们也并不着急，因为有这样慈善的冬天，干啥还希望别的呢！

最妙的是下点小雪呀。看吧，山上的矮松越发的青黑，树尖上顶着一些儿白花，好像日本看护妇。山尖全白了，给蓝天镶上一道银边。山坡上，有的地方雪厚点，有的地方草色还露着；这样，一道儿白，一道儿暗黄，给山们穿上一件带水纹的花衣；看着看着，这件花衣好像被风儿吹动，叫你希望看见一点更美的山的肌肤。等到快日落的时候，微黄的阳光斜射在山腰上，那点薄雪好像忽然害了羞，微微露出点粉色。就是下小雪吧，济南是受不住大雪的，那些小山太秀气！

古老的济南，城里那么狭窄，城外又那么宽敞，山坡上卧着些小村庄，小村庄的房顶上卧着点雪，对，这是张小水墨画，也许是唐代的名手画的吧。

那水呢，不但不结冰，倒反在绿萍上冒着点热气，水藻真绿，把终年贮蓄的绿色全拿出来了。天儿越晴，水藻越绿，就凭这些绿的精

> 精妙的比喻，生动表现了济南冬天特有的迷人景致。

神，水也不忍得冻上，况且那些长枝的垂柳还要在水里照个影儿呢！看吧，由澄清的河水慢慢往上看吧，空中，半空中，天上，自上而下全是那么清亮，那么蓝汪汪的，整个的是块空灵的蓝水晶。这块水晶里，包着红屋顶，黄草山，像地毯上的小团花的小灰色树影；这就是冬天的济南。

读中学写

我和大作家学对比：

在作者眼里，北平的冬天风太多，伦敦的冬天雾太大，热带地区的冬天日光太毒，而济南的冬天不但没有风声，而且能经常见到阳光。这种对比手法的运用，突出了济南冬天温晴的特点，表达了作者对济南的喜爱之情。

我和大作家学拟人：

本文多处运用了拟人的修辞手法，如在作者笔下，小山雪后的矮松成了日本看护妇；山坡成了穿花衣的女子……拟人手法的运用，不仅生动表现了小山雪景秀气的特点，也传达出作者对济南冬天的喜爱。

我的好词好句积累卡

好词： 响晴　温晴　慈善　秀气　贮蓄　蓝汪汪　暖和安适

好句： 看吧，山上的矮松越发的青黑，树尖上顶着一些儿白花，好像日本看护妇。

山尖全白了，给蓝天镶上一道银边。

天儿越晴，水藻越绿，就凭这些绿的精神，水也不忍得冻上，况且那些长枝的垂柳还要在水里照个影儿呢！

王　维

名家简介

　　王维（699-761），字摩诘，盛唐时期著名诗人，因为曾做过尚书右丞，所以世称"王右丞"。其作品主要为山水诗，通过描绘田园山水，宣扬隐士生活和佛教思想。王维精通音乐和书画，后人常用"诗中有画，画中有诗"评价他的诗画作品。王维著有《王右丞集》。他的诗与孟浩然齐名，合称为"王孟"。

课文再现

　　《送元二使安西》（人教版四年级上册）是一首送别诗，诗人以诗情画意的语言，生动描写了送别时的自然风光，表达了对友人的留恋、关切与祝福，诗人与好友依依惜别的情景仿佛就在读者眼前。

小作家多多有话说 <<<<

　　王维的诗歌因为意境优美、格调清新，常被后人评价为"诗中有画"。阅读下面两首古诗，并借助丰富的想象，用心感受诗人通过清新的文字，为我们描绘了怎样的优美画卷。

课外链接

红牡丹

绿艳闲且静，红衣浅复深。

花心愁欲断，春色岂知心。

诗词大意：

　　浓绿的叶子，文雅而端丽；浓绿的叶子中，盛开着一朵朵红艳的牡丹；牡丹花盛开了，但它心事重重，忧伤满怀；见状，不禁要问春光，你可深知牡丹花儿的心思、牡丹花儿的忧伤吗？

读中学写

我和大作家学衬托手法：

　　在对牡丹的描写中，以叶子的浓绿衬托花朵的红艳，既突出了牡丹花娇艳的特点，也表现了它勃勃的生机；花色的"浅"与"深"相互映衬，突出了牡丹花的层次感。

我和大作家学拟人手法：

　　在诗人的眼中，娇艳的牡丹花仿佛是一位端庄美丽的少女，有着丰富的情感和满腹的心事，这种奇特的想象，生动地描绘出了诗人对牡丹花的喜爱之情。

我的好词好句积累卡

好句：绿艳闲且静，红衣浅复深。

竹里馆

独坐幽篁里，弹琴复长啸。

深林人不知，明月来相照。

诗词大意：

月夜，独坐幽静的竹林子里，间或弹弹琴，间或吹吹口哨。竹林里僻静幽深，无人知晓，却有明月陪伴，殷勤来相照。

读中学写

我和大作家学景物描写：

在这首小诗中，作者选取了幽篁、明月等事物写景，突出了林中清幽的独特景象，营造了一种清静安详的境界，也反映了诗人高雅脱俗的生活情趣。

我和大作家学拟人：

在作者看来，在如此清幽、静谧的深林里弹琴、长啸，自己并不孤单，因为还有明月时时照耀着自己。在这里，诗人通过拟人手法，把明月写成了与自己心心相印的好朋友，既显示了诗人丰富的想象力，也表达了诗人对林中景象的喜爱。

我的好词好句积累卡

好句： 深林人不知，明月来相照。

屠格涅夫

名家简介

　　屠格涅夫（1818-1883），俄国作家，生于贵族家庭。1847-1852年发表《猎人笔记》，揭露农奴主的残暴和农奴的悲惨生活，因此被放逐。他在监禁中写成中篇小说《木木》，对农奴制表示抗议。之后又发表长篇小说《罗亭》、《贵族之家》，中篇小说《阿霞》、《多余人的日记》等，其作品主要描写贵族地主出身的知识分子好发议论而缺少斗争精神的性格。

课文再现

　　《麻雀》（人教版四年级上册）这篇课文讲述了在危险面前，老麻雀与庞大的猎狗对峙，以自己弱小的身体保护小麻雀不受伤害的情景。文章表现了老麻雀勇敢无畏的精神，赞扬了母爱的伟大力量，表达了作者对麻雀的由衷赞叹之情。

小作家多多有话说 <<<<

　　《蔚蓝的王国》与《蔷薇花，多美丽，多鲜艳》是屠格涅夫笔下的名篇，与《麻雀》一文"写实"风格不同的是，这两篇文章描写的都是想象中的景象。让我们跟随作者奇特的想象，走进童话般美妙的世界。

课外链接

蔚蓝的王国

呵，蔚蓝的王国，蓝色，光明，青春和幸福的王国啊！我在梦中看见了你……

我们几个人乘着一叶装饰华丽的小舟。一张白帆像鹅的胸脯，飘扬在随风招展的桅头旗下边。

我不知道我的同伴是些什么人；但我浑身都感觉得到，他们全都像我一样，是这样年轻、快活和幸福！

不错，我并没有看到他们。我眺望四周，一片茫无边际的蔚蓝的海，无数波浪闪耀着金鳞；头上，也是这样茫无边际，这样蔚蓝的海——在那儿，温柔的太阳在运行着，宛然在微笑。

我们中间不时发出爽朗、快乐的笑声，宛若群神的欢笑！

忽然，不知从哪个人嘴里，吐出了一些话语。一些充满灵感力量，极其美妙的诗句……仿佛天空也在对它们呼应——而且，周围的海，也若有同感地在颤鸣……随后又开始了幸福的寂静。

我们快速的小舟随着温柔的波浪轻轻地起伏。没有风推动它，是我们欢腾跃动的心引导它前进。我们想要到什么地方，它便像一个活的东西那样，驯服地急速奔向什么地方。

我们来到群岛，一群半透明的仙岛，各种宝石、水晶和碧玉放射着光彩。从突起的岸边，飘来令人心醉的芬芳；一些岛屿上，白蔷薇和铃兰的落英，雨也似的飘洒在我们身上。从另一些岛屿上，突然飞起了许多彩虹色的长

一个童话般美丽的世界，多么令人神往。

翼鸟。

　　鸟儿在我们头上盘旋，铃兰和蔷薇消失在流过我们小舟两侧的珍珠般的浪花里。

　　跟着花儿，跟着鸟儿飞来的还有美妙悦耳的声音……这里边好像有女人的声音……于是周围的一切——天空、海洋、高扬的帆、船尾水流的潺潺声——一切都像在诉说着爱情，诉说着幸福的爱情！

　　但是她，我们每个人都钟爱的那个人，在那儿……在近旁，却看不见。再过一瞬间——瞧吧，她的眼睛闪烁着光辉，她的脸庞将露出微笑……她的手将拉起你的手——并且把你引到千古不灭的乐土中去！

　　啊，蔚蓝的王国！我在梦中看见了你……

读中学写

我和大作家学构思：

　　作者开篇点明自己在梦中遇到了蔚蓝的王国，概括了王国蓝色、光明、青春和幸福的特点，为下文展开想象做好了准备。篇末再以"啊，蔚蓝的王国！我在梦中看见了你"一句收尾，与开头照应，使结构更加完整。

我和大作家学想象：

　　在本文中，作者放飞想象的翅膀，美丽的环境、丰富的宝藏、奇异的鸟类……这些都是人们不曾见到过的景象。生动优美的笔触呈现给读者一个童话般的世界，表达了作者对美好生活的向往。

我的好词好句积累卡

好词： 蔚蓝　华丽　眺望　闪耀　驯服　茫无边际　欢腾跃动　美妙悦耳

好句： 我眺望四周，一片茫无边际的蔚蓝的海，无数波浪闪耀着金鳞；头上，也是这样茫无边际，这样蔚蓝的海——在那儿，温柔的太阳在运行着，宛然在微笑。
　　　　从突起的岸边，飘来令人心醉的芬芳；一些岛屿上，白蔷薇和铃兰的落英，雨也似的飘洒在我们身上。

蔷薇花，多美丽，多鲜艳

不知在什么地方，什么时候，已经很久了，很久了，我读过一首诗。它很快给我遗忘了……可是，诗的第一行字留在我的记忆里：

——蔷薇花，多美丽，多鲜艳……

现在是冬天，冻霜遮盖了窗玻璃；在黑幽幽的房间里，点燃着一支蜡烛。我蜷坐在房间的一角，脑子里老是回响着：

蔷薇花，多美丽，多鲜艳……

于是，我仿佛看见自己站在城郊一个俄罗斯农家的矮窗前。夏日的黄昏静悄悄地消失着，融入了夜晚；温暖的空气里，散发着木犀草和菩提树叶的芳香。窗口坐着一个姑娘，一只手托着脸腮，头靠在肩膀上——是在默默地凝视着天空，好像在等待第一批星星的出现。她那凝神沉思的眼睛，蕴藏着何等的真诚和激动；她那半启欲语的嘴唇，饱含着何等动人的天真；她那年轻的脸庞又多么纯洁，多么温柔！我不敢和她说话……可是，她在我看来是多么亲切，我的心又跳得多么厉害！

——蔷薇花，多美丽，多鲜艳……

但在房间里，光线渐渐暗淡下去了，暗淡下去了……快燃尽的蜡烛发出噼噼啪啪的响声，跳动的影子在低低的天花板上颤抖，风雪在屋外怒吼，呼啸——仿佛老年人发出的寂寞的絮语声……

——蔷薇花，多美丽，多鲜艳……

我眼前又浮现着另外的景象……听到乡居生活的愉快的嘈杂声。两个亚麻色的头，彼此靠在一块儿；他们闪着亮光的眼睛，在机灵地瞧着我；他们红润的脸颊，因为忍住了笑声而抖动；他们的手亲昵地交叉在一起，彼此发出、时而又打断着充满青春气息的幸福的话声。稍远一些，在一间舒适的

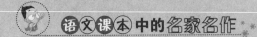

房间深处，另一双同样年轻的手在急速移动，手指在紊乱地按着旧钢琴的键盘——而兰纳的华尔兹曲，没能够压倒古老的茶炊的咕嘟声……

——蔷薇花，多美丽，多鲜艳……

蜡烛熠熠抖动的火光快熄灭了……谁在那儿发出如此嘶哑暗闷的咳嗽声呢？我的老狗蜷曲着身体，偎依在我的脚边颤抖，它是我唯一的伴侣……我感到寒冷……我冻得发抖……而他们全都死了……死了……

蔷薇花，多美丽，多鲜艳……

读中学写

我和大作家学反复手法：

在文中，"蔷薇花，多美丽，多鲜艳"一句反复出现，使场景的切换更加自然，增强了文章内容的层次感，同时也突出了作者对美好生活的渴望。

我和大作家学肖像描写：

尤其是描写俄罗斯农家的矮窗内的姑娘时，"她那凝神沉思的眼睛，蕴藏着何等的真诚和激动；她那半启欲语的嘴唇，饱含着何等动人的天真；她那年轻的脸庞又多么纯洁，多么温柔！"传神的刻画使读者如见其人。

我的好词好句积累卡

好词： 遗忘　呼啸　怒吼　颤抖　絮语　蕴藏　黑幽幽　凝神沉思

好句： 我仿佛看见自己站在城郊一个俄罗斯农家的矮窗前。夏日的黄昏静悄悄地消失着，融入了夜晚；温暖的空气里，散发着木犀草和菩提树叶的芳香。

快燃尽的蜡烛发出噼噼啪啪的响声，跳动的影子在低低的天花板上颤抖，风雪在屋外怒吼，呼啸——仿佛老年人发出的寂寞的絮语声……

李白

名家简介

　　李白（701-762），字太白，号青莲居士，唐代伟大的浪漫主义诗人，被后人尊称为"诗仙"，与杜甫并称为"李杜"。著有《李太白全集》，收录李白今存诗作近千首。其中大量作品既反映了那个时代的繁荣气象，也揭露和批判了统治集团的腐败，表现出蔑视权贵、反抗传统束缚、追求自由和理想的积极精神。

课文再现

　　在《独坐敬亭山》（人教版四年级下册）这首诗中，李白通过对敬亭山景象的描写，渲染了寂静、孤独的气氛，从而含蓄地抒发了自己因怀才不遇而产生的孤独寂寞的感情。

小作家多多有话说 <<<<<

　　描写自然风光和抒发对亲友的深厚情感，是李白诗歌创作的两大主题，下面这两首古诗就分别表现了这两个主题。通过对这两首诗的阅读，我们能感受到祖国山河的壮美以及作者与友人之间的真挚情感。

课外链接

送友人

青山横北郭，白水绕东城。

此地一为别，孤蓬万里征。

浮云游子意，落日故人情。

挥手自兹去，萧萧班马鸣。

诗词大意：

青翠的山峦横卧在城郭的北面，波光粼粼的流水围绕着东城。在此地我们相互道别，你就像孤蓬那样随风飘荡，到万里之外远行去了。游子行踪不定，就像浮云一样随风飘浮；夕阳徐徐下山，似乎有所留恋。挥挥手从此分离，友人骑的那匹离群的马萧萧长鸣，似乎不忍离去。

读中学写

我和大作家学景物描写：

本诗景物描写非常生动，如"青山横北郭，白水绕东城"两句，"青山"与"白水"相互映衬，色调清新而明快；"横"、"绕"两个动词，一静一动，把山清水秀的美丽景象，生动地展现在读者眼前。

我和大作家学比喻手法：

如在"孤蓬万里征"一句中，诗人把友人比喻成"孤蓬"，"浮云游子意"一句中，把友人比喻成"浮云"，这些形象的比喻，既写出了友人孤独远行、漂泊不定的情形，也寄托了对友人的无限牵挂。

登庐山五老峰

庐山东南五老峰，青天削出金芙蓉。

九江秀色可揽结，吾将此地巢云松。

诗词大意：

五老峰坐落在庐山的东南面，阳光照射下的五老峰，金碧辉煌，就如同盛开着的金色芙蓉花一般。登上庐山向南远眺，就可望见九江、长江一带的秀丽景色，我将在此地居住下来，与轻松白云为伴。

读中学写

我和大作家学比喻手法：

"青天削出金芙蓉"一句，把五老峰比喻成金色的芙蓉花，形象写出了五老峰在阳光的照射下，金碧辉煌的美丽景象，流露出诗人对大自然的热爱和赞美之情。

我和大作家学大胆想象：

看到五老峰美丽的景象，诗人突发奇想，把五老峰当成了青天的杰作。一个"削"字既突出了险峻陡峭的山势，又赞美了大自然神奇的力量。

我的好词好句积累卡

好句：庐山东南五老峰，青天削出金芙蓉。

白居易

名家简介

　　白居易（772-846），字乐天，晚年又号香山居士，河南新郑人，唐代伟大的现实主义诗人，是中国文学史上负有盛名且影响深远的诗人和文学家。他的诗歌题材广泛，形式多样，语言平易通俗，有《白氏长庆集》传世，代表诗作有《长恨歌》、《卖炭翁》、《琵琶行》等。

课文再现

　　在《忆江南》（人教版四年级下册）这首诗中，诗人紧紧抓住江面"红胜火"、"绿如蓝"的特点，以高度概括的语言展现了鲜艳夺目的江南春景。表达了诗人对江南的喜爱和赞美之情。

小作家多多有话说 <<<<

　　语言通俗易懂是白居易诗歌的突出特点，这在下面的两首古诗中表现尤为突出。欣赏下面的两首小诗，在读懂诗歌大意的基础上，深入体会诗人的情感。

课外链接

鸟

谁道群生性命微？一般骨肉一般皮。

劝君莫打枝头鸟，子在巢中望母归。

诗词大意：

谁说这群小鸟的生命轻微，它们与所有的生命一样都有血有肉。劝你不要打枝头的鸟，幼鸟正在巢中盼望着母鸟归来。

读中学写

我和大作家学反问手法：

诗人以"谁道群生性命微"一句开篇，反问的语气使感情抒发得更加强烈，表现出诗人的善良、仁爱之心，以及对生命的尊重。再加上后文"望母归"这一场景，令读者深受震撼。

我和大作家学立意：

作者对人们的劝诫，表达了对鸟类命运的关注和同情，这不仅是一种生态意识，同时还有着深刻的寓意。诗人意在以鸟喻人，劝诫当时的权贵要学会尊重平民百姓，因为平民百姓与权贵们一样，都有着同样的生命和尊严。

我的好词好句积累卡

好句：劝君莫打枝头鸟，子在巢中望母归。

白云泉

天平山上白云泉，云自无心水自闲。
何必奔冲山下去，更添波浪向人间。

诗词大意：

天平山上有白云泉涌而出，白云本来就没有思虑，泉水也自由流淌。泉水呀，你为什么一定要奔泻下来，再给纷扰多事的人世增添波澜呢？

我和大作家学拟人：

这首七绝犹如一幅线条明快简洁的淡墨山水图。诗人并不注重用浓墨重彩描绘天平山上的风光，而是着意摹画白云与泉水的神态，将它人格化，使它充满生机、活力，点染着诗人自己闲逸的感情，给人一种饶有风趣的清新感。

我和大作家学象征：

这首诗采取了象征的手法，诗人写景寓志，以云水的逍遥自由比喻恬淡的胸怀与闲适的心情；用泉水激起的自然波浪象征社会风浪，"兴发于此而义归于彼"，言浅旨远，意在象外，寄托深厚，理趣盎然。

我的 好词好句 积累卡

好句：天平山上白云泉，云自无心水自闲。

高洪波

名家简介

　　高洪波，笔名向川，中国当代儿童文学作家、诗人、散文家。现任中国作协党组成员、副主席、书记处书记，《诗刊》主编，中国作协儿童文学委员会主任。先后出版《大象法官》、《吃石头的鳄鱼》等14部儿童诗集；《波斯猫》、《高洪波军旅散文选》等三十余部散文随笔集；《鸟石的秘密》、《遇见不不兔》等11部幼儿童话。

课文再现

　　在《和我们一样享受春天》（人教版四年级下册）这首诗中，诗人以一个孩子的视角，抓住自然界人们熟知的景物——大海、沙漠、夜空、草地，将其原有的美好与宁静的景象，与因遭战争破坏的景象加以对比，揭示了战争给自然世界带来的种种不安宁，从而发出了对和平的呼唤。

小作家多多有话说 <<<<

　　用儿童的视角观察和思考，描写儿童真正的生活，儿童文学作家高洪波在这方面表现得非常出色。请阅读高洪波的两首名作，想一想自己是否也有过这些奇特的想法。

课外 链接

鹅 鹅 鹅

最近，妈妈总爱捉住我，
逼我背一首古怪的儿歌：
"鹅，鹅，鹅，曲项向天歌。
白毛浮绿水，红掌拨清波。"

听说这是一位古代的神童，
七岁时写下的"大作"。
可我却背得结结巴巴，
气得妈妈说我"笨脑壳"。

我只好背得滚瓜烂熟，
妈妈显得特别快活。
从此，每当家里来了客人，
我都要牵出这只倒霉的"鹅"。

知识岂能用来
炫耀？

听到了一声声的夸奖，
妈妈就奖我美味的糖果。
好像这是我写的诗篇，
其实，我从来没有见过白鹅。

我家小小的阳台上，

连只小鸟都不曾飞落。

更别说从那"曲项"里，

向天唱出的美妙的歌！

真的，我不愿当什么"神童"，

更不想靠"白鹅"啄来糖果。

如果妈妈带我去趟动物园，

那才是我最大的快乐！

读中学写

我和大作家学对比：

　　这首诗中多处运用了对比手法，如"神童"与"笨脑壳"形成对比，"我"和妈妈对背诵古诗的态度形成对比，枯燥的学习与快乐的动物园形成对比……诗人通过这些对比，突出了儿童对自由、快乐生活的向往。

我和大作家学选材：

　　为了表达儿童对枯燥学习方式的厌弃，诗人主要选取了两个典型事例。一是妈妈逼迫"我"背古诗；二是妈妈让我在客人面前炫耀。通过这两个事例不难看出，妈妈对孩子的教育既没有合理态度，又缺乏科学方法，也难怪"我"如此抵触。

我的好词好句积累卡

好词： 神童　诗篇　美妙　结结巴巴　滚瓜烂熟

好句： 真的，我不愿当什么"神童"，更不想靠"白鹅"啄来糖果。如果妈妈带我去趟动物园，那才是我最大的快乐！

懒的辩护

我最不愿洗碗，
妈妈说我手懒；
我顶害怕珠算，
爸爸说我心懒。

可是他们不明白，
懒，是一切发明之源。
为了当名发明家，
这才故意这般懒！

懒得挑水的人，
发明了自来水管；
懒得点蜡烛的人，
发明了电灯电线。

懒得上楼梯的人，
把电梯装进高楼；
懒得扇扇子的人，
叫电扇不停地旋转。

富有情趣的理解
反映了儿童天真的心理
和丰富的精神世界。

肯定最怕洗衣服的人，
才使得洗衣机来到世间；

最懒得迈步的人，

发明了汽车、火车和轮船。

我拿懒的种种好处，

向亲爱的爸爸申辩。

他却用勤快的巴掌，

对我的屁股进行磨炼！

看来，懒并不受人欢迎，

至少在我的家庭里面。

也许我的理解有点偏差，

朋友，你可有正确的答案？

我和大作家学构思：

在这首诗中，作者以儿童的眼光去观察世界，以儿童的视角去思考问题，表达了儿童对"懒"的生动理解，从而表现了儿童天真、顽皮的特点。

我和大作家学结尾：

虽然"我"有充足的理由为"懒"辩护，却拗不过爸爸"勤快的巴掌"，所以在本诗结尾，"我"不得不重新评价自己的行为，这样的结尾使得本诗更富有教育意义，并充满情趣，以疑问方式结尾，也引发了读者的思索。

我的 好词好句 积累卡

好词：旋转　迈步　申辩　勤快　磨炼

好句：我拿懒的种种好处，向亲爱的爸爸申辩。他却用勤快的巴掌，对我的屁股进行磨炼！看来，懒并不受人欢迎，至少在我的家庭里面。

冯骥才

名家简介

　　冯骥才，浙江宁波人，1942年生于天津。当代著名作家、文学家、艺术家。曾任天津市文联主席、国际笔会中国中心会员、《文学自由谈》和《艺术家》主编等职。著有长篇小说《义和拳》（与李定兴合写）、《神灯前传》，中篇小说集《铺花的歧路》、《啊！》，短篇小说集《雕花烟斗》、《意大利小提琴》等。

课文再现

　　《花的勇气》（人教版四年级下册）一文生动描写了作者在维也纳寻花的经过。只见绿地不见花时的失望，见到花儿藏身于草下时的吃惊，离开前仍不见花儿冒出来时的遗憾，再到看见花的原野时的惊奇，最后被花儿的气魄所震撼……丰富的情感体验表达了作者独特的生活感受。

小作家多多有话说 <<<<

　　在作家冯骥才丰富的精神世界里，大自然的一切似乎都有着鲜明的形象和丰富的情感，哪怕它只是一朵花、一棵树、一张书桌。阅读下面两篇短文，体会黄山松和书桌寄托了作者怎样的情感。

黄山绝壁松

黄山以石奇云奇松奇名天下。然而登上黄山，给我以震动的是黄山松。

黄山之松布满黄山。由深深的山谷至大大小小的山顶，无处无松。可是我说的松只是山上的松。

山上有名气的松树颇多，如迎客松、望客松、黑虎松、连理松，等等，都是游客们争相拍照的对象。但我说的不是这些名松，而是那些生在极顶和绝壁上不知名的野松。

黄山全是石峰。裸露的巨石侧立千仞，光秃秃没有土壤，尤其那些极高的地方，天寒风疾，草木不生，苍鹰也不去那里，一棵棵松树却破石而出，伸展着优美而碧绿的长臂，显示其独具的气质。世人赞叹它们独绝的姿容，很少去想在终年的烈日下或寒飙中，它们是怎样存活和生长的。

一位本地人告诉我，这些生长在石缝里的松树，根部能够分泌一种酸性的物质，腐蚀石头的表面，使其化为养分被自己吸收。为了从石头里寻觅生机，也为了牢牢抓住绝壁，以抵抗不期而至的狂风的撕扯与摧折，它们的根日日夜夜与石头搏斗着，最终不可思议地穿入坚如钢铁的石体。细心便能看到，这些松根在生长和壮大时常常把石头从中挣裂！还有什么树木有如此顽强的生命力？

我在迎客松后边的山崖上仰望一处绝壁，看到一条长长的石缝里生着一株幼小的松树。它高不及一米，却旺盛而又有活力。显然曾有一颗松子飞落到这里，在这冰冷的石缝间，什么养料也没有，它却奇迹般生根发芽，生长起

两个疑问句不仅突出了作者对黄山绝壁松的赞叹之情，也自然引出了下文的评论。

来。如此幼小的树也能这般顽强？这力量是来自物种本身，还是在一代代松树坎坷的命运中磨砺出来的？我想，一定是后者。我发现，山上之松与山下之松决不一样。那些密密实实拥挤在温暖的山谷中的松树，干直枝肥，针叶鲜碧，慵懒而富态；而这些山顶上的绝壁松却是枝干瘦硬，树叶黑绿，矫健又强悍。这绝壁之松是被恶劣与凶险的环境强化出来的。它虬劲和富于弹性的树干，是长期与风雨搏斗的结果；它远远地伸出的枝叶是为了更多地吸取阳光……这一代代艰辛的生存记忆，已经化为一种个性的基因，潜入绝壁松的骨头里。为此，它们才有着如此非凡的性格与精神。

它们站立在所有人迹罕至的地方。那些荒峰野岭的极顶，那些下临万丈的悬崖峭壁，那些凶险莫测的绝境；常常可以看到三两棵甚至只有一棵孤松，十分夺目地立在那里。它们彼此姿态各异，也神情各异，或英武，或肃穆，或孤傲，或寂寞。远远望着它们，会心生敬意。但它们——只有站在这些高不可攀的地方，才能真正看到天地的浩荡与博大。

于是，在大雪纷飞中，在夕阳残照里，在风狂雨骤间，在云烟明灭时，这些绝壁松都像一个个活着的人：像站立在船头镇定又从容地与激浪搏斗的艄公，战场上永不倒下的英雄，沉静的思想者，超逸又具风骨的文人……在一片光亮晴空的映衬下，它们的身影就如同用浓墨画上去的一样。

但是，别以为它们全像画中的松树那么漂亮。有的枝干被飓风吹折，暴露着断枝残干，但另一些枝叶仍很苍郁；有的被酷热与冰寒打败，只剩下赤裸的枯骸，却依旧尊严地挺立在绝壁之上。于是，一个强者应当有的品质——刚强、坚韧、适应、忍耐、奋取与自信，它全都具备。

现在可以说了，在黄山这些名绝天下的奇石奇云奇松中，石是山的体魄，云是山的情感，而松——绝壁之松是黄山的灵魂。

我和大作家学拟人：

在作者的眼里，黄山绝壁松不再是一棵树，而是具有崇高精神品质的人，刚强、坚韧、适应、忍耐、奋取与自信……这些它们全部具备。拟人手法的运用，不仅生动表现了黄山绝壁松的突出特点，也表达了作者对它们的赞美之情。

我和大作家学环境描写：

如"天寒风疾，草木不生，苍鹰也不去那里"等语句，展现了黄山绝壁险峻、荒凉的景象；再如"人迹罕至"、"荒峰野岭"、"悬崖峭壁"、"凶险莫测"等词语的连用，都生动表现了黄山绝壁松恶劣的生长环境，从而突出了它顽强、坚韧的特点。

我的 好词好句 积累卡

> **好词**：破石而出　不可思议　人迹罕至　荒峰野岭　悬崖峭壁　凶险莫
> 测　姿态各异
>
> **好句**：于是，在大雪纷飞中，在夕阳残照里，在风狂雨骤间，在云烟明灭
> 时，这些绝壁松都像一个个活着的人。
> 有的枝干被飓风吹折，暴露着断枝残干，但另一些枝叶仍很苍
> 郁；有的被酷热与冰寒打败，只剩下赤裸的枯骸，却依旧尊严地
> 挺立在绝壁之上。

失去了的书桌

我有张小小的书桌。它又窄又矮，破旧极了。在外人眼里简直不成样子。上边的漆成片地剥落下来，残余的漆色变得晦暗发黑，连我自己都认不准它最初是什么颜色。桌面又满是划痕、硬伤，还有热水杯烫成的一个个套起来的深深浅浅的白圈儿。别看它这份模样，三十年来，却一直放在我的窗前，我房间透进光来的地方。我搬过几次家，换过几件家具，但从来没有想到处理掉它……

记忆里，幼时的事，都是穿不成串儿的珠子。这些珠子却在记忆的深井的底儿滴溜溜、闪闪发光地打转，很难抓住它们——

我把"人"字总误写成"入"字，就在这桌上吧！

我一排排地晾干弹弓用的小泥球儿，就在这桌上吧！

我在小木板上钉钉子，就在这桌上吧！

悠远的回忆抒发了作者对书桌的深情怀念。

这些只有我才知道的故事，早已融进往昔岁月中的童年生活。为此，我很少用湿布去拭抹它。

只有一次例外。那是我上小学四年级时。我前排坐着一个女同学，十分瘦弱。她年龄与我一般大，个子却比我矮一头。两条短短的黄辫儿，简直是两根麻绳头。一天，上语文课，我没听讲，却悄悄把眼前的两条黄辫子拴在这女同学的椅子背儿上。正巧老师叫她回答问题，她一起身，拴住的辫子扯得她头痛得大叫。我的语文老师姓李，瘦削的脸满是黑胡茬，连脸颊上都是。一副黑边的近视镜混淆了他的眼神，使我头次见到他时以为他挺凶，其实他温和极了。他对我们调皮的忍耐限度比别的老师都大。但不知为什么，那天他好厉害，把我一把拉到课堂前，叫我伸出双手，狠狠打了十多板子。他真生气呢！气呼呼地直喘，什么话也说不出来了，只指着门瞪圆眼对我吼道："走！快走！"我离开了课堂，一路跑回家。我手疼倒没什么，但当众挨打受罚，我的自尊心受不了。于是，我眼泪汪汪地在桌上写了"李老师恨死你！"几个字。我写得那么痛快和解气，好像这几个字给我报了什么"仇"似的。这几个字就相当威风地在我桌上保留了好长时间。

在表的嘀嗒声中，在上下课的铃声中，在雨和雪轮番交替地敲打窗子声中，我长大起来。事也懂得多了。桌上那几个字却不那么神气了。反而怕被人瞧见，似乎成了一种不光彩，甚至是耻辱的污迹，我带着一种说不清是对李老师，还是对长大后再也遇不到的那个瘦弱的女同学的愧疚心情，用手巾尖儿蘸些水使劲把这几个字抹下去。

真奇怪！字儿抹掉了，好像心里干净了一些。

有一天我画画。画幅大，桌面小。不得不把一半画纸垂到桌下，先画铺在桌面上的一半；待画得差不多时，再拉上纸来画另一半。这样就很难照顾到画面的整体感，我画得那么别扭，真急了，止不住愤愤地骂道：

"真该死，这破桌子！"

它听着，不吭一声。等我画好了画儿，张挂起来；画面却意外地好。我十分快活，早把桌子忘在一旁。它呢？依然默默旁立。它就是这样与我为伴，好像我不抛掉它，它就一心而从无二意地跟随着我。

> 拟人手法的运用刻画了书桌静止不动的情景，流露出作者对书桌的喜爱之情。

我过去的生活的一切，无论是快乐和幸福的，还是忧愁和不幸的，都留在桌上了。哪怕我忘了，它也会无声地提醒我。

它就摆在我窗前。从窗子透进的光笼罩着它。我窗外是一棵大槐树的树冠。这树冠摇曳婆娑的影子总是和阳光一起投照在我这小小的桌面上。

每当这树冠的枝影间满是小小的黑点点时，那是春天；黑点点则是大槐树初发的芽豆豆。这期间，偶尔还有一种俗名叫做"绿叶儿"的候鸟，在枝间伶俐地蹦跳的影子出现在桌面上。夏天来了，树影日浓，渐渐变成一块阴凉，密密实实地遮盖住我的小桌。等到这块厚厚的阴凉破碎了，透现出一些晃动着的阳光的斑点儿时，秋风还会把一两片变黄的叶子吹进窗；像几只金色的小船，落在我这如同无风的水面一般平光光的桌面上。随后该关窗子了，玻璃蒙上了薄薄的水蒸气。那片叶无存、光秃秃、只剩下枝丫的树影，便像一张朦胧模糊的大网，把我的小桌罩住……

我终于失去了它。

在地震中，塌落下来的屋顶把它压垮。我的孩子正好躲在桌下，给它保住了生命。它才是真正地为我献出了一切哪！等我从废墟中把它找出来，只是一堆碎木板、木条和木块了。我请来一位能干的木匠，想把它复原。木匠师傅瞅着它，抽着烟，最后摇了摇头，并且莫名其妙地瞧了我一眼，显然他不明白我何以有此意图——又不是复原一件破损的稀世古物。

它就这样在我的生活中没了。

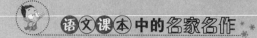

我因此感到隐隐的忧伤。不由得想起几句话，却想不起是谁说的了：

"啊，生活，你真迷人……哪怕是久已过去的，也叫人割舍不得；哪怕是愧悔的，也能渐渐化为深沉的诗。"

读中学写

我和大作家学选材：

本文围绕"失去了的书桌"主要回忆了三件事情：一是在书桌上写字表达对老师的恨意；二是骂桌面太小影响自己作画；三是书桌的毁坏。这三件发生在不同时期的事情，再现了书桌与作者朝夕相处的情景，有力地突出了怀念书桌这一中心。

我和大作家学精彩结尾：

本文结尾处，作者由失去的书桌自然联想到人生，发出了"哪怕是久已过去的，也叫人割舍不得；哪怕是愧悔的，也能渐渐化为深沉的诗"的感慨，既突出了对书桌的怀念之情，又巧妙地抒发了自己独特的人生感悟，余味无穷。

我的好词好句积累卡

好词：闪闪发光　眼泪汪汪　摇曳婆娑　朦胧模糊　稀世古物

好句：等到这块厚厚的阴凉破碎了，透现出一些晃动着的阳光的斑点儿时，秋风还会把一两片变黄的叶子吹进窗；像几只金色的小船，落在我这如同无风的水面一般平光光的桌面上。

啊，生活，你真迷人……哪怕是久已过去的，也叫人割舍不得；哪怕是愧悔的，也能渐渐化为深沉的诗。

戴望舒

名家简介

　　戴望舒（1905-1950），原名戴朝案，笔名有艾昂甫、江思等。中国现代著名诗人，浙江杭县（今杭州市余杭区）人。戴望舒是现代派象征主义诗歌代表人物，在中国新诗发展史上占有重要地位。他的《雨巷》、《狱中题壁》、《我用残损的手掌》等诗篇，堪称中国新诗的杰作。

课文再现

　　《在天晴了的时候》（人教版四年级下册）是一首生动、活泼、情趣盎然的儿童诗，诗人通过对小径雨后美丽景象的生动描写，引导人们到雨后的小径上走一走，去感受亲近自然的自由和欢乐。诗歌也表达了诗人对大自然的热爱和赞美之情。

小作家多多有话说 <<<<

　　戴望舒在《在天晴了的时候》一诗中，希望人们都能到雨后的小路上走一走，去感受自然清新的空气。但在特殊情况下，诗人自己却无法实现这个小小的愿望。欣赏下面两首现代诗，你会体会到诗人在特殊环境中不同的思想和情感。

课外链接

狱中题壁

如果我死在这里，

朋友啊，

不要悲伤，

我会永远地生存在你们的心上。

你们之中的一个死了，

在日本占领地的牢里，

他怀着的深深仇恨，

你们应该永远地记忆。

当你们回来，

从泥土掘起他伤损的肢体，

用你们胜利的欢呼把他的灵魂高高扬起。

然后把他的白骨放在山峰，

曝着太阳，沐着飘风：

在那暗黑潮湿的土牢，

这曾是他唯一的美梦。

> 悲壮的想象表现了诗人视死如归的英雄气概，也表达了诗人对胜利的强烈渴望。

读中学写

我和大作家学对比：

关押在日本占领地的牢里，面对随时可能到来的死亡，诗人对朋友和战友充满了深情的怀念，同时也充满了对日本侵略者深深的仇恨。这两种情感形成鲜明对比，从而突出了本诗的主旨。

我和大作家学想象：

在这首诗的最后，诗人希望朋友们能够把自己的白骨放在山峰上，"曝着太阳，沐着飘风"，这种大胆的想象，不仅显示了诗人视死如归的豪迈情怀，同时也寄托着诗人对抗战胜利、对美好生活的强烈渴望。

我的 好词 好句 积累卡

好词： 仇恨 记忆 灵魂

好句： 当你们回来，从泥土掘起他伤损的肢体，用你们胜利的欢呼把他的灵魂高高扬起。

游子谣

海上微风起来的时候，

暗水上开遍青色的蔷薇。

——游子的家园呢？

篱门是蜘蛛的家，

土墙是薜荔的家，

枝繁叶茂的果树是鸟雀的家。

游子却连乡愁也没有，

他沉浮在鲸鱼海蟒间：

让家园寂寞的花自开自落吧。

因为海上有青色的蔷薇，

动植物们尚且能够享受家的温暖，诗人又怎能不思念家乡？

游子要萦系他冷落的家园吗?

还有比蔷薇更清丽的旅伴呢。

清丽的小旅伴是更甜蜜的家园,

游子的乡愁在那里徘徊踯躅。

唔,永远沉浮在鲸鱼海蟒间吧。

读中学写

我和大作家学对比:

"篱门是蜘蛛的家,土墙是薜荔的家,枝繁叶茂的果树是鸟雀的家",而游子却只能在"鲸鱼海蟒间"沉浮,这种鲜明的对比,生动反映了诗人孤独、无助的心境。

我和大作家学借景抒情:

"海上微风起来的时候,暗水上开遍青色的蔷薇。"苍茫的大海烘托出作者惆怅的心理,眼前的景象引发了诗人的思乡之情。这种由情入景的手法,使感情抒发更加自然、强烈。

我的 好词好句 积累卡

好词: 蔷薇　乡愁　寂寞　旅伴　清丽　枝繁叶茂　徘徊踯躅

好句: 篱门是蜘蛛的家,土墙是薜荔的家,枝繁叶茂的果树是鸟雀的家。

林海音

名家简介

　　林海音（1918-2001），原名林含英，小名英子，原籍台湾省苗栗县。林海音的创作成果丰厚，迄今已出版了长篇小说、中短篇小说集、散文集、童话集等18本书，以北平为题材的小说名篇《城南旧事》深获读者喜爱，被译成多种文字，后被拍成电影。

课文再现

　　《窃读记》（人教版五年级上册）以"窃读"为线索，以放学后"我"急匆匆地赶到书店，到晚上依依不舍离开的时间顺序，和藏身于众多顾客之中、借雨天读书两个场景的插入，细腻生动地描绘了"窃读"的独特感受与复杂滋味，表现了"我"对读书的热爱和对知识的渴望。

小作家多多有话说 <<<<

　　对于后来定居台湾的林海音来说，北平的那段童年生活，成了她永久的快乐回忆。让我们通过下面两篇文章，了解作者在北平生活的情景，去感受她童年的喜怒哀乐。

课外链接

迟 到

我的父亲很疼我，但是他管教我很严，很严很严。有一件事我永远忘不了……

当我在一年级的时候，就有早晨赖在床上不起来的毛病。每天早晨醒来，看到阳光照到玻璃窗上了，我的心里就是一阵愁。心想，已经这么晚了，等起来，洗脸、扎辫子、换制服，再走到学校去，准又是一进教室就被罚站在门边，同学们的眼光，会一个个向你投过来。我虽然很懒惰，可是也知道害羞呀！所以又愁又怕，常常都是怀着恐惧的心情，奔向学校去。最糟的是，爸爸是不许小孩子上学乘车的，他不管你晚不晚。

有一天，从早晨起下大雨，我醒来就知道不早了，我听着不停的大雨，心里愁得不得了。我上学不但要迟到了，而且在这夏天的时候，还要被妈妈打扮得穿着肥大的夹袄，一路走到学校去。想到这么不舒服的上学，我竟很勇敢地赖在床上不起来了。

等一下，妈妈进来了。她看我还没有起来，吓了一跳，催促着我，但是我皱紧了眉头，低声向妈哀求说："妈，今天已经晚了，我就不要去上学了吧？"

妈妈就是做不了爸爸的主，当她转身出去，爸爸就进来了，他站到床前，瞪着我：

"怎么不起来？快起！快起！"

"晚了，爸！"我硬着头皮说。

"晚也得去，怎么可以逃学？起！"

一个字的命令最可怕，但是我怎么啦？居然有勇气不挪动。

爸气极了，一下把我从床上拖起来，爸左

传神的动作描写，再现了爸爸发怒打人时的情景。

看右看，结果从桌上抄起一把鸡毛掸子，倒转来拿，藤鞭子在空中一抡，我挨打了！

爸把我从床头打到床尾，外面的雨声混合着我的哭声。我哭后，躲避，最后还是冒着大雨上学去了，我像是一只狼狈的小狗，被宋妈抱上了洋车。第一次花五大枚坐车去上学。

我坐在放下雨篷的洋车里，一边抽抽搭搭地哭着，一边检查我的伤痕。那一条条鼓起的鞭痕，红肿的，而且发着热。我把裙子向下拉了拉，想遮盖住最下面的一条伤痕，我是怕同学看见了要耻笑我。

虽然迟到了，但是，老师并没有罚我站，这是因为下雨天可以原谅的缘故。

老师教我们先静默再读书，坐直身子，手背在身后，闭上眼睛，静静地想五分钟。老师说：想想看，你是不是听爸妈和老师的话？昨天留的功课有没有做好？今天功课全带来了吗？早晨跟爸妈有礼貌地道别了吗？……我听到这儿，鼻子不禁抽搭了一大下，幸好我的眼睛是闭着的，泪水不至于流出来。

正在静默的当中，有人拍了我的肩头一下，我急忙睁开了眼，原来是老师站在我的位子边。他用眼神告诉我，让我向教室的窗外看去，我猛一转头看，是爸爸那瘦高的影子！

我刚安静下来的心，又害怕起来了！爸爸为什么追到学校来？爸爸点头招我出去了，我看看老师，征求他的同意，老师微笑地点点头，表示答应我出去。

我走出了教室，站在爸面前。爸没说什么，打开了手中的包袱，拿出来的是我的花夹袄。他递给我，看着我穿上，又拿出两个铜板递给我。

后来怎么样了，我已经不记得。只记得从那以后，每天早晨我都是第一个就站在学校门口，等待着校工开门。由于这件事，我从此一生做一个守时守信的人。

读中学写

我和大作家学语言描写：

本文语言描写的内容不多，但却非常生动。如："怎么不起来？快起！快起"一句，连用两个"快起"表现了爸爸焦急的心情；"晚也得去，怎么可以逃学？起！"一句更是让作者没有回旋的余地，也把爸爸严厉的形

象生动地表现了出来。

我和大作家学心理描写：

  本文中，作者对自己的心理描写很生动。如想起迟到罚站情景时的恐惧，看到外面下雨时的发愁，挨打之后的委屈，以及看到爸爸站在窗外时恐惧、疑惑的心理……这些生动的心理描写，突出了作者对往事的深刻记忆。

我的 好词好句 积累卡

好词：缘故　管教　恐惧　哀求　躲避　鞭痕　抽抽搭搭
好句：爸气极了，一下把我从床上拖起来，爸左看右看，结果从桌上抄起
   一把鸡毛掸子，倒转来拿，藤鞭子在空中一抡，我挨打了！
   只记得从那以后，每天早晨我都是第一个就站在学校门口，等待着
   校工开门。由于这件事，我从此一生做一个守时守信的人。

活玩意儿

  小姑娘和年幼的男孩，到了春天养蚕，也可以算"玩"的一种吧！到了春天，孩子们来索求去年甩在纸上的蚕卵，眼看着它出了黑点，并且动着，渐渐变白，变大。于是开始找桑叶，洗桑叶，擦干，撕成小块喂蚕吃。要吐丝了，用墨盒盖，包上纸，把几条蚕放上去，让它吐丝，仔细铲除蚕屎。吐够了做成墨盒里泡墨汁用的芯子，用它写毛笔字时，心中也很亲切，因为整个的过程，都是自己做的。

  最意想不到的，北平住家的孩子，还有玩"吊死鬼儿"的。吊死鬼儿，是槐树虫的别名，到了夏季，大槐树上的虫子像蚕一样，一根丝，从树上吊下来，一条条的，浅绿色。我们有时拿一个空瓶，一双筷子，就到树下去一

通过动作和心理描写，再现了伙伴们快乐玩耍的情景。

条条地夹下来放进瓶里，待夹了满满一瓶，看它们在瓶里蠕动，是很肉麻的，但不知为什么不怕。玩够了怎么处理，现在已经忘了。

雨后院子白墙上，爬着一个浅灰色的小蜗牛，它爬过的地方，因为黏液的经过，而变成一条银亮的白线路了。你要拿下来，谁知轻轻一碰，蜗牛敏感的触角就会缩回到壳里，掉落到地上，不出来了。这时，我们就会拉出了声音唱念着：

"水牛儿——水牛儿，先出犄角后出头。你妈——你爹，给你买烧饼羊肉吃呀！……"

又在春天的市声中，有卖金鱼和蝌蚪的，蝌蚪北平人俗叫"蛤蟆骨朵儿"。花含苞未开时叫"骨朵儿"，此言青蛙尚未长成之意。北平人活吞蝌蚪，认为清火。小孩子也常在卖金鱼挑子上买些蝌蚪来养，以为可以变成青蛙，其实玻璃瓶中养蝌蚪，是从来没有变成过青蛙的，但是玩活东西，总是很有意思的。

读中学写

我和大作家学选材：

在这篇短文中，作者围绕自己儿时玩过的几种"活玩意儿"进行选材，养蚕、捉"吊死鬼儿"、观察蜗牛、买小蝌蚪……这些生动有趣的材料，既表现了作者童年生活的乐趣，又反映出了儿童天真、活泼的特征。

我和大作家学细节描写：

作者在文中对小动物们的刻画非常细致，如"渐渐变白，变大"写出了蚕卵一步步成长的过程；"因为黏液的经过，而变成一条银亮的白线路了"一句，则把蜗牛留下的痕迹生动展现在读者眼前。这些细腻的描写反映了作者对童年往事的深刻记忆。

我的好词好句积累卡

好词： 铲除　蠕动　触角　意想不到　含苞未开

好句： 雨后院子白墙上，爬着一个浅灰色的小蜗牛，它爬过的地方，因为黏液的经过，而变成一条银亮的白线路了。

琦　君

名家简介

　　琦君，原名潘希真，浙江永嘉人，现当代女作家。1949年赴台湾，曾任台湾"中国文化学院"、"中央大学"中文系教授，后定居美国。主要作品有：《细纱灯》、《细雨灯花落》、《桂花雨》、《七月的哀伤》、《泪珠与珍珠》以及《琦君自选集》等。她的散文多写童年记忆、母女之情、友伴之谊。

课文再现

　　在《桂花雨》（人教版五年级上册）一文中，作者深情回忆了童年时在故乡帮大人摇桂花、收桂花的快乐情景，表现了桂花香气迷人的特点和家乡淳朴的民风，表达了作者对故乡的思念和对童年生活的无限追忆。

小作家多多有话说 <<<<

　　通过《桂花雨》一文的学习，我们体会到了琦君对故乡的深切思念之情。然而对于琦君来说，故土的美好回忆远不止这些。请阅读下面两篇文章，通过深情的文字去感受作者浓浓的乡情。

课外链接

想念荷花

我在四五岁时，那时想象不出西湖的银浪烟波究竟有多美，只觉得父亲敲着膝头，高声朗吟的神情很快乐，音调也很好听。

父亲的生日是农历六月初六日，正是荷花含苞待放的时候。到两个星期后的六月二十四日，便是荷花生日。母亲说荷花盛开，象征父亲身体健康。所以在六月初六那天，她总要托城里的杨伯伯，千方百计地采购来一束满是花蕾的荷花，插在瓶中供佛。等待花瓣渐渐开放，散发出淡淡的清香，与香炉里的檀香味混和在一起，给人一份沉静安详的感觉。

到了杭州这个十里荷花的天堂，才真正看到那么多新鲜荷花。我们的家，正靠近西子湖边，步行只需半小时就可到湖滨公园。那条街名叫"花市路"。父亲为此作了一首得意的诗，其中最得意的句子是："门临花市占春早，居近湖滨归钓迟。"其实父亲很少钓鱼。他带我去湖滨散步，冬天为赏雪，夏天为赏荷。赏雪的时候少，因为天气太冷了，赏荷却是夏天傍晚常常去的。夜晚，荡着船儿，听桨声欸乃，看淡月疏星，闻荷花阵阵清香，毕竟是人间天上的享受。

如此美妙、快乐的时光，又怎能不令作者眷恋？

六月二十四既然是荷花生日，杭州人的游湖赏花就从六月十八开始，到二十四这一天是最高潮，整个里外湖都放起荷花灯来。大小画舫，来往穿梭，谈笑声中，丝竹满耳。这种游湖，杭州人称之为"落夜湖"，欢乐可通宵达旦。我不是个懂得赏花的雅人，也体会不到周濂溪爱莲的那份高洁情操。我喜欢"落夜湖",只是为了赶热闹。父亲却不爱这种热闹。母亲呢?只要是住在杭州的日子,倒是每年都去"落夜湖"一番。她不是赶热闹,而是替父亲放荷花灯。放一百盏荷花灯,祈求上天保佑父亲长命百岁。所以她坐在船上,总是手拨念佛珠,嘴里低低地念着《心经》。因为外公说过的,父亲和荷花同生日,照佛家说法,是有一段善缘的。

记得有一天,父亲忽然问我:"'新着荷衣人未识,年年江海客'是什么意思,你懂吗?"我说:"是退隐的意思吧。"父亲笑笑说:"就是我现在的心境,摆脱了官职,一身轻快。"但我觉得他脸上似有一丝蓦然回首的落寞神情。难道父亲仍有用世之心,只是叹知遇难求吗?

抗战兵兴,我们举家避寇回乡。父亲竟因肺病不治,于翌年溘然长逝。那不幸的一天,正是他的生日六月初六。如此悲痛的巧合,使我们对一向喜爱的荷花,也无心欣赏了。

在兵荒马乱中,我又鼓起勇气,到上海完成大学学业。中文系主任夏老师非常喜爱荷花。有一天,和系里几位同学在街上购物,遇上滂沱大雨,我们就在一间茶楼品茗谈天。俯视马路积水盈尺,老师就作了一首律诗描绘当时情景。最后两句是:"一笑横流容并涉,安知明日我非鱼。"他想象西湖此时,一定也是大雨滴落在荷叶上,形成千万水珠跳跃的壮观吧。

那时杭州陷于日寇,老师慨叹有家归不得,因而格外思念杭州的荷花。

> 丰富的联想,反映了作者对杭州生活的思念之情。

胜利后回到杭州,浙江大学暂借西湖罗苑复校。我去拜谒老师,从书斋窗户向外眺望,远近一片风荷环绕,爱荷的夏老师心情一定是非常愉悦的。他提笔蘸饱了墨,信手画了一幅荷花,由师母题上姜白石的名句"冷香飞上诗句",老师随即落款送给了我。这幅墨荷幸已随身带来台湾,一直悬系壁间。

不管是"墨团"也好,是"玉槎枒"也好,那总是吟诗作画、自由自在的好时光啊。

夏老师与师母都在祖国大陆。不久前海外友人来信告知,夏老师已年迈体衰。他已垂老之年,一定是更思念杭州、思念西湖无主的荷花吧。他怎能想得到当年在上海时所作的诗"安知明日我非鱼"呢?

仰望壁上的墨荷,我好想念故乡的荷花。

读中学写

我和大作家学构思:

在这篇短文中,作者以荷花为线索,深情回忆了父亲生前的几个生活画面,以及与老师的交往情况。看似写花,实则写人,荷花典雅的形态与人物高洁的品格互相映衬,寄托了作者对往事和父亲、老师的怀念之情。

我和大作家学场面描写:

如作者描写"落夜湖"的情景,"整个里外湖都放起荷花灯来"、"大小画舫,来往穿梭,谈笑声中,丝竹满耳。"生动的场面描写,再现了人们欣赏荷花的盛况,反映了作者对往事的深刻记忆,也流露出了作者对往事的怀念之情。

我的好词好句积累卡

好词: 含苞待放　千方百计　沉静安详　通宵达旦　蓦然回首　溘然长逝　滂沱大雨

好句: 夜晚,荡着船儿,听桨声欸乃,看淡月疏星,闻荷花阵阵清香,毕竟是人间天上的享受。

我去拜谒老师,从书斋窗户向外眺望,远近一片风荷环绕,爱荷的夏老师心情一定是非常愉悦的。

春酒

农村的新年,是非常长的。过了元宵灯节,年景尚未完全落幕。还有个家家邀饮春酒的节目，再度引起高潮。在我的感觉里，其气氛之热闹，有时还超过初一至初五那五天新年呢。原因是：新年时，注重迎神拜佛，小孩子们玩儿不许在大厅上、厨房里，生怕撞来撞去，碰碎碗盏。尤其我是女孩子，蒸糕时，脚都不许搁住灶孔边，吃东西不许随便抓，因为许多都是要先供佛与祖先的。说话尤其要小心，要多讨吉利，因此觉得很受拘束。过了元宵，大人们觉得我们都乖乖的，没闯什么祸，佛堂与神位前的供品换下来的堆得满满一大缸，都分给我们撒开地吃了。尤其是家家户户轮流的邀喝春酒，我是母亲的代表，总是一马当先，不请自到，肚子吃得鼓鼓的跟蜜蜂似的，手里还捧一大包回家。

可是说实在的，我家吃的东西多，连北平寄来的金丝蜜枣、巧克力糖都吃过，对于花生、桂圆、松糖，等等，已经不稀罕了。那么我最喜欢的是什么呢？乃是母亲在冬至那天就泡的八宝酒，到了喝春酒时，就开出来请大家尝尝。"补气、健脾、明目的哟！"母亲总是得意地说。她又转向我说："但是你呀，就只能舔一指甲缝，小孩子喝多了会流鼻血，太补了。"其实我没等她说完，早已偷偷把手指头伸在杯子里好几回，已经不知舔了多少个指甲缝的八宝酒了。

> 传神的动作描写，把作者对八宝酒的喜爱之情生动地刻画了出来。

八宝酒，顾名思义，是八样东西泡的酒，那就是黑枣(不知是南枣还是北枣)、荔枝、桂圆、杏仁、陈皮、枸杞子、薏仁米，再加两粒橄榄。要泡一个月，打开来，酒香加药香，恨不得一口气喝它三大杯。母亲给我在小酒杯底里只倒一点点，我端着、闻着，走来走去，有一次一不小心，跨门槛时跌了一跤，杯子捏在手里，酒却全洒在衣襟上了。抱着小花猫时，它直舔，舔完了就呼呼地睡觉。原来我的小花猫也是个酒仙呢!

我喝完春酒回来，母亲总要闻闻我的嘴巴，问我喝了几杯酒。我总是说："只喝一杯，因为里面没有八宝，不甜呀。"母亲听了很高兴。她自己请邻居来吃春酒，一定给他们每人斟一杯八宝酒。我呢，就在每个人怀里靠一下，用筷子点一下酒，舔一舔，才过瘾。

春酒以外，我家还有一项特别节目，就是喝会酒。凡是村子里有人急需钱用，要起个会，凑齐十二个人，正月里，会首总要请那十一位喝春酒表示酬谢，地点一定借我家的大花厅。酒席是从城里叫来的，和乡下所谓的八簋五、八盘八(就是八个冷盘，五道或八道大碗的热菜)不同，城里酒席称之为"十二碟"(大概是四冷盘、四热炒、四大碗煨炖大菜)，是最最讲究的酒席了。所以乡下人如果对人表示感谢，口头话就是"我请你吃十二碟"。因此，我每年正月里，喝完左邻右舍的春酒，就眼巴巴地盼着大花厅里那桌十二碟的大酒席了。

母亲是从不上会的，但总是很乐意把花厅让出给大家请客，可以添点新春喜气。花匠阿标叔也巴结地把煤气灯玻璃罩擦得亮晶晶的，呼呼呼地点燃了，挂在花厅正中，让大家吃酒时划拳吆喝，格外的兴高采烈。我呢，一定有

> 快乐、温馨的场景仿佛就在读者眼前。

份坐在会首旁边，得吃得喝。这时，母亲就会捧一瓶她自己泡的八宝酒给大家尝尝助兴。

席散时，会首给每个人分一条印花手帕。母亲和我也各有一条，我就等于得了两条，开心得要命。大家喝了甜美的八宝酒，都问母亲里面泡的是什么宝贝。母亲得意地说了一遍又一遍，高兴得两颊红红的，跟喝过酒似的。其实母亲是滴酒不沾唇的。

不仅是酒，母亲终年勤勤快快的，做这做那，做出新鲜别致的东西，总是分给别人吃，自己却很少吃。人家问她每种材料要放多少，她总是笑眯眯地说："大约摸差不多就是了，我也没有一定分量的。"但她还是一样一样仔细地告诉别人。可见她做什么事，都有个尺度在心中的。她常常说："鞋差分、衣差寸，分分寸寸要留神。"

今年，我也如法炮制，泡了八宝酒，用以供祖后，倒一杯给儿子，告诉他是"分岁酒"，喝下去又长大一岁了。他挑剔地说："你用的是美国货葡萄酒，不是你小时候家乡自己酿的酒呀。"

一句话提醒了我，究竟不是道地家乡味啊。可是叫我到哪儿去找真正的

家醅呢?

读中学写

我和大作家学动作描写:

本文动作描写极为传神。如"早已偷偷把手指头伸在杯子里好几回"、"我端着、闻着,走来走去"、"我呢,就在每个人怀里靠一下,用筷子点一下酒,舔一舔,才过瘾"等语句,把作者对八宝酒的喜爱之情表现得淋漓尽致,富有童趣。

我和大作家学写结尾:

在深情回忆家乡的春酒之后,作者以一个反问句结束全文,既巧妙抒发了对童年往事、对童年生活的怀念之情,又给读者留下悠长的回味。

我的 好词、好句 积累卡

好词:眼巴巴 一马当先 不请自到 顾名思义 一不小心 左邻右舍 兴高采烈 新鲜别致 如法炮制

好句:尤其是家家户户轮流的邀喝春酒,我是母亲的代表,总是一马当先,不请自到,肚子吃得鼓鼓的跟蜜蜂似的,手里还捧一大包回家。

有一次一不小心,跨门槛时跌了一跤,杯子捏在手里,酒却全洒在衣襟上了。抱着小花猫时,它直舔,舔完了就呼呼地睡觉。原来我的小花猫也是个酒仙呢!

许地山

名家简介

　　许地山（1893-1941），名赞堃，字地山，曾用笔名"落花生"，现代作家、学者。出生于台湾一个爱国志士的家庭。主要著作有《空山灵雨》、《缀网劳蛛》、《危巢坠简》、《道学史》、《印度文学》；译著有《二十夜问》、《太阳底下降》、《孟加拉民间故事》等。

课文再现

　　《落花生》（人教版五年级上册）是一篇叙事散文，作者在文中讲述了一家人过花生收获节的情景。通过谈论花生的好处，揭示了花生不图虚名、默默奉献的崇高品格。文章表达了作者不为名利、只求有益于社会的人生理想和价值观，同时启示我们，不要做只讲体面而对别人没有好处的人。

小作家多多有话说 <<<<

　　和《落花生》一文相同，许地山在他的很多文章中，都通过对日常生活的讲述，表现出深刻的人生哲理。阅读下面的两篇短文，看看自己能从中悟到什么道理。

课外 链接

再 会

　　靠窗棂坐着的那位老人家是一位航海者，刚从海外归来。他和萧老太太是少年时代的朋友，彼此虽别离了那么些年，然而他们会面时，直像忘了当中经过的日子。现在他们正谈起少年时代的旧话。

　　"蔚明哥，你不是二十岁的时候出海的么？"她屈着自己的指头，数了一数，才用那双被阅历染浊了的眼睛看着她的朋友说："呀，四十五年就像我现在数着指头一样地过去了！"

　　老人家把手捋一捋胡子，很得意地说："可不是！……记得我到你家辞行那一天，你正在园里饲你那只小鹿，我站在你身边一棵正开着花的枇杷树下，花香和你头上的油香杂窜入我的鼻中。当时，我的别绪也不晓得要从哪里说起，但你只低头抚着小鹿。我想你那时也不能多说什么，你竟然先问一句

四十多年前的情景仿佛就在眼前，可见二人的友谊多么深厚。

'要等到什么时候我们再能相见呢'？我就慢答道：'毋须多少时候。'那时，你……"

　　老太太接着说："那时候的光景我也记得很清楚。当你说这句的时候，我不是说'要等再相见时，除非是黑墨有洗得白的时节'。哈哈！你去时，那缕漆黑的头发现在岂不是已被海水洗白了么？"

　　老人家摸摸自己的头顶，说："对啦！这也算应验哪！可惜我见不着芳哥，他过去多少年了？"

　　"唉，久了！你看我已经抱过四个孙儿了。"她说时，看着窗外几个孩子在瓜棚下玩，就指着那最高的孩子说，"你看鼎儿已经十二岁了，他公公就在他弥月后去世的。"

他们谈话时，丫头端了一盘牡蛎煎饼来。老太太举手让着蔚明哥说："我定知道你的嗜好还没有改变，所以特地为你做这东西。"

"你记得我们少时，你母亲有一天做这样的饼给我们吃。你拿一块，吃完了才嫌饼里的牡蛎少，助料也不及我的多，闹着要把我的饼抢去。当时，你母亲说了一句话，教我常常忆起，就是'好孩子，算了罢。助料都是搁在一起渗匀的。做的时候，谁有工夫把分量细细去分配呢？这自然是免不了有些多、有些少的，只要饼的气味好就够了。你所吃的原不定就是为你做的，可是你已经吃过，就不能再要了。'蔚明哥，你说末了这话多么感动我呢！拿这个来比我们的境遇吧：境遇虽然一个一个排列在面前，容我们有机会选择，有人选得好，有人选得歹，可是选定以后，就不能再选了。"

> 朴素的话语蕴含着深刻的哲理，发人深思。

老人家拿起饼来吃，慢慢地说："对啦！你看我这一生净在海面生活，生活极其简单，不像你这么繁复，然而我还是像当时吃那饼一样——也就饱了。"

"我想我老是多得便宜。我的'境遇的饼'虽然多一些助料，也许好吃一些，但是我的饱足是和你一样的。"

谈旧事是多么开心的事！看这光景，他们像要把少年时代的事迹——回溯一遍似的。但外面的孩子们不晓得因什么事闹起来，老太太先出去做判官；这里留着一位矍铄的航海者静静地坐着吃他的饼。

读中学写

我和大作家学动作描写：

本文动作描写虽然不多，但却非常传神。如"她屈着自己的指头，数了一数，才用那双被阅历染浊了的眼睛看着她的朋友说"一句，以老太太年迈的样子，反映岁月的沧桑；再如"老人家摸摸自己的头顶"一句，把老人淳朴、憨厚的性格生动刻画了出来。

我和大作家学寓意：

在这篇文章中，作者把深刻的哲理蕴藏在两位老人平淡的对话中。尤其"境遇虽然……有人选得好，有人选得歹，可是选定以后，就不能再选了"一句，启发我们选择人生道路时一定要慎重，因为一旦选错方向，便很难回头。

我的 **好词好句** 积累**卡**

好词：窗棂　阅历　光景　应验　境遇　繁复　曩铄
好句：境遇虽然一个一个排列在面前，容我们有机会选择，有人选得好，
　　　有人选得歹，可是选定以后，就不能再选了。

补破衣的老妇人

补破衣的老妇人她坐在檐前，微微的雨丝飘摇下来，多半聚在她脸庞的皱纹上头。她一点也不理会，尽管收拾她的筐子。

在她的筐子里有很美丽的零剪绸缎；也有很粗陋的麻头、布尾。她从没有理会雨丝在她头、面、身体之上乱扑，只提防着筐里那些好看的材料沾湿了。

那边来了两个小弟兄，也许他们是从学校回来。小弟弟管叫她做"衣服的外科医生"，现在见她坐在檐前，就叫了一声。

她抬起头来，望着这两个孩子笑了一笑。那脸上的皱纹虽皱得更厉害，然而生的痛苦可以从那里挤出许多，更能表明她是一个享乐天年的老婆子。

小弟弟说："医生，你只把筐里的材料用在别人的衣服上，怎么自己的衣服却不管了？你看你肩膀补的那一块又该掉下来了。"

老婆子摸一摸自己的肩膀，果然随手取下一块小方布来。她笑着对小弟弟说："你的眼睛实在精明！我这块原没有用线缝住，因为早晨忙着要出来，只用浆子暂时糊着，盼望晚上回去弥补，不提防雨丝替我揭起来了！这揭得也不错。我，既如你所说，是一个衣服的外科医生，那么，我是不怕自己的衣服害病的。"

充满情趣的语言，既表现了老妇人慈爱的特点，也反映了她乐观的心态。

她仍整理筐里的零剪绸缎，没理会雨丝零落在她身上。

哥哥说："我看爸爸的手册里夹着许多的零碎文件，他也是像你一样：不时地翻来翻去。他……"

弟弟插嘴说："他也是另一样的外科医生。"

老婆子把眼光射在他们身上，说："哥儿们，你们说得对了。你们的爸爸爱惜小册里的零碎文件，也和我爱惜筐里的零剪绸缎一般。他凑合多少地方的好意思，等用得着时，就把他们编连起来，成为一种新的理解。所不同的，就是他用的头脑；我用的只是指头便了。你们叫他做……"

说到这里，父亲从里面出来，问起事由，便点头说："老婆子，你的话很中肯。我们所为，原就和你一样，东搜西罗，无非是些绸头、布尾，只配用来补补破衲袄罢了。"

父亲说完，就下了石阶，要在微雨中到葡萄园里，看看他的葡萄长芽了没有。这里孩子们还和老婆子争论着要号他们的爸爸做什么样医生。

读中学写

我和大作家学外貌描写：

本文对老妇人的刻画非常传神，如"那脸上的皱纹虽皱得更厉害，然而生的痛苦可以从那里挤出许多"一句，再如，作者多次写到老妇人不理会落下的雨丝……肖像和神态的传神刻画，生动反映了她愁苦的人生。

我和大作家学语言描写：

生动有趣的语言描写是本文的突出特点，如孩子称老妇人为"衣服的外科医生"，形象揭示了她的工作内容；"你只用筐里的材料在别人的衣服上，怎么自己的衣服却不管了"一句，以孩子的视角指出问题，既表现了老妇人苦难的境遇，也巧妙抒发了作者对社会底层劳动者的同情。

我的 好词好句 积累卡

好词： 绸缎　微雨　雨丝　飘摇　粗陋　翻来翻去　零剪绸缎　东搜西罗

好句： 补破衣的老妇人她坐在檐前，微微的雨丝飘摇下来，多半聚在她脸庞的皱纹上头。她一点也不理会，尽管收拾她的筐子。

刘湛秋

名家简介

刘湛秋，1935年出生，安徽芜湖人，当代著名诗人、翻译家、评论家，《诗刊》前副主编，中国散文诗学会副会长。其作品清新空灵，富有现代意识，手法新颖洒脱，早在20世纪80年代中期就被大学生誉为"抒情诗之王"。著有诗集《生命的欢乐》、《无题抒情诗》、《人·爱情·风景》，散文诗集《遥远的吉他》，论文集《抒情诗的旋律》等共22种。

课文再现

在《我爱你，中国的汉字》（人教版五年级上册）一文中，作者以生动、深情的语言，讲述了汉字带给自己的丰富想象力和美好感受，表达了对汉字的热爱和赞美之情，也赞颂了中国人民的勤劳和智慧以及伟大的创造精神。

小作家多多有话说 <<<<<

通过对《我爱你，中国的汉字》一文的阅读，我们真切感受到了刘湛秋对祖国和民族的无限热爱。当他把这种强烈的感情融入到对景色的描写当中时，那又是怎样一番景象？

课外链接

三月桃花水

是什么声音,像一串小铃铛,轻轻地走过村边?是什么光芒,像一匹明洁的丝绸,映照着蓝天?

呵,河流醒来了!三月桃花水,舞动着绚丽的朝霞,向前流淌。有一千朵樱花,点点撒上了河面:有一万个小酒窝,在水中回旋。

三月的桃花水,是春天的竖琴。

每一条波纹,都是一根轻柔的弦。那细白的浪花,敲打着有节奏的鼓点;那忽大忽小的的水波声,应和着田野上拖拉机的鸣响;那纤细的低语,是在和刚刚从雪被里伸出头来的麦苗谈心;那碰着岸边的丁冬声,像是大路上车轮滚过的铃声;那急流的水浪声,是在催促着村民们开犁播种啊!

三月的桃花水,是春天的明镜。

它看见燕子飞上天空,翅膀里裹着白云;它看见垂柳披上了长发,如雾如烟;它看见一群姑娘来到河边,水底立刻浮起一片片花瓣;它看见村庄上空,很早很早,就升起了袅袅炊烟。

> 借助三月桃花水这面"明镜",映照出春天里的迷人景象,多么奇特的想象啊!

比金子还贵呵,三月桃花水!

比银子还亮呵,三月桃花水!

呵,地上草如茵,两岸柳如眉。三月桃花水,叫人多陶醉。啊!掬一捧,品一口,让这三月的桃花水盛满我们心灵的酒杯!

读中学写

我和大作家学拟人：

在作者笔下，三月桃花水是有生命的，它能够用纤细的低语与麦苗谈心，并且用急流的水浪声催促村民们开犁播种……拟人手法的运用赋予了三月桃花水丰富的情感，也流露出作者对桃花水、对春天的热爱和赞美之情。

我和大作家学比喻：

形象生动的比喻是本文语言的突出特点。如把桃花水比喻成"一匹明洁的丝绸"，突出了它光洁明亮的特点；把波纹比喻成琴弦，既写出了波纹平行滚动的特点，也传达出作者轻松、愉快的心情。

我的好词好句积累卡

> **好词：** 绚丽　朝霞　流淌　节奏　纤细　陶醉　如雾如烟　袅袅炊烟
>
> **好句：** 三月桃花水，舞动着绚丽的朝霞，向前流淌。有一千朵樱花，点点撒上了河面；有一万个小酒窝，在水中回旋。
>
> 它看见垂柳披上了长发，如雾如烟；它看见一群姑娘来到河边，水底立刻浮起一片片花瓣；它看见村庄上空，很早很早，就升起了袅袅炊烟。

雪

南国的雪，我们分离得太久了。

那微带甜味的湿润，那使人快活的冷气，那彩色梦幻的飞旋，伴着我少年的轻狂，再也无法追寻。

　　没有暖气也没有炉子的小屋，铁一样寒冷的硬被子，都无法阻挡对雪的渴望，只要睁眼看见屋外白花花的光亮，那就像涌进来一股暖流，勾起难以抑制的温暖的心情。

　　雪，南国的松软美丽的雪啊！

　　它纷纷扬扬，比春天一树树的梨花还要美。这时，北风变得柔和了，吹着它，上下翻飞，轻轻地降落，使人能看清那六角的菱形，看到一个美丽的童话世界。

　　不知它是想依恋天空，还是想委身大地。它忽上忽下，是那样的轻盈而自由啊！忽然，它落进了我的颈脖，像个小绒毛，却又摸不到它，产生了甜甜的微痒。我伸出手来，它会安静地落到我的掌心，在我的钟情的眼睛里，慢慢地消失了它的身影。有时候，真愿意伸出舌头，希望能接到一片雪花，那淘气的愉快里绽开了多少天真的梦。

> 生动的景物描写中，巧妙融入了作者对南国雪的喜爱之情。

　　雪，南国的松软美丽的雪啊！

　　忽然，我像一下子变成熟了，往往放弃堆雪人、打雪仗的乐趣，却愿意宁静地默默地走去，翻过废弃的铁路线，来到郊外，默视着广袤的天空和田野。所有的污秽和荒凉全遮掩了，只有雪，白花花的、纯净的雪。这大自然创造的最精美的白色拥抱了田野、山冈、房屋和树林。偶尔由于风的吹动，越冬的树和菜斑斑点点闪着一点新绿。

　　这时，眼睛和心变得多么亮，多么舒展。美丽的维纳斯仿佛就在你的身边，对着你微笑。所有的幻想都会脱颖而出，飞向雪的地平线，开出白色的花朵。

　　雪，南国的松软美丽的雪啊！我们分离得太久了，也许我还能追寻那没有污染的洁白，幼稚却纯真的梦幻和那寒冷中的温暖？

读中学写

我和大作家学景物描写：

本文景物描写生动、优美，如"上下翻飞，轻轻地降落"一句，生动写出了雪花随风飞舞的情景；再如"这大自然创造的最精美的白色拥抱了田野、山冈、房屋和树林"一句，生动写出了漫山遍野被白雪覆盖的美丽景象，拟人手法的运用也突出了作者对雪景的喜爱。

我和大作家学反复手法：

"雪，南国的松软美丽的雪啊"一句在文中多次出现，既写出了南国雪的突出特点，又加强了作者对南国雪的喜爱之情，起到了强化中心的效果。

我的 好词 好句 积累卡

好词： 梦幻 湿润 依恋 轻盈 污秽 荒凉 难以抑制 纷纷扬扬 上下翻飞 脱颖而出

好句： 没有暖气也没有炉子的小屋，铁一样寒冷的硬被子，都无法阻挡对雪的渴望，只要睁眼看见屋外白花花的光亮，那就像涌进来一股暖流，勾起难以抑制的温暖的心情。
忽然，它落进了我的颈脖，像个小绒毛，却又摸不到它，产生了甜甜的微痒。

梁晓声

名家简介

　　梁晓声，原名梁绍生，山东荣城人，1949年出生于哈尔滨市。当代著名作家。现任教于北京语言大学人文学院汉语言文学专业。代表作品有长篇小说《雪城》、《这是一片神奇的土地》、《今夜有暴风雪》；中短篇小说《学者之死》、《民选》、《讹诈》、《表弟》、《母亲》等。

课文再现

　　《慈母情深》（人教版五年级上册）一课讲述的是，作者小时候渴望得到一本心爱的长篇小说，想得整天失魂落魄。贫穷辛劳的母亲不顾同事的劝阻，用龟裂的手指掏出了一大把毛票，毫不犹豫地给钱让作者去买《青年近卫军》。作者深为不安，他用这一元五角钱给母亲买回了一瓶水果罐头，结果遭到一顿数落。最后母亲又凑齐了一元五角，作者拥有了平生第一本小说。这件日常生活小事中表现母亲对作者真挚而深沉的爱。

小作家多多有话说 <<<<

　　通过对《慈母情深》一文的阅读，我们了解到了作家梁晓声童年生活的艰难，在这种艰难的生活条件下，又会发生怎样令人辛酸的故事呢？下面两篇文章会给你想要的答案——

课外链接

我的第一支钢笔

　　它是黑色的，笔身粗大，外观笨拙。全裸的笔尖，旋拧的笔帽，笔囊内没有夹管，吸墨水时，捏一下，鼓起缓慢。墨水吸得太足时，写字常常"呕吐"，弄脏纸和手。我使用它，已经二十多年了。笔尖劈过，断过，被我磨齐了，也磨短了。笔道很粗，写一个笔画多的字，大稿纸的两个格子也容不下。如今，已不能再用它写作，只能写便笺或信封。

　　它是我使用的第一支钢笔，母亲给我买的。那一年，我升入小学五年级。学校规定，每星期有两堂钢笔字课。有些作业，老师要求学生必须用钢笔完成。全班每一个同学，都有了一支崭新的钢笔。

　　有的同学甚至有两支。我却没有钢笔可用，连旧的也没有。我只有蘸水钢笔，每次完成钢笔作业，右手总被墨水染蓝。染蓝了的手又将作业本弄脏。我常因此而感到委屈，做梦都想得到一支崭新的钢笔。

　　一天，我终于哭闹起来，折断了那支蘸水笔，逼着母亲非立刻给我买一支钢笔不可。

　　母亲说："孩子，妈妈不是答应过你，等你爸爸寄回钱来，一定给你买一支吗？"

　　我不停地哭闹："不，不，我今天就要。你去给我借钱买！"

　　母亲叹了口气，为难地说："你这孩子，真不懂事。这月买粮的钱，是向邻居借的；交房费的钱，是向邻居借的；给你妹妹看病，还是向邻居借的钱。今天为了一支钢

　　艰难的生活状况令人心酸，然而正是这种艰难的生活，在作者的心灵里积淀下来许多有益的东西。

笔，你就非逼着妈妈再去向邻居借钱么？叫妈妈怎么张得开口啊！"

我却不管这些，哭闹得更凶。母亲心烦了，打了我两巴掌。我赌气哭着跑出了家门……

那天下雨，我在雨中游荡了大半日不回家，衣服淋湿了，头脑也淋得平静了，心中不免后悔自责起来。是啊，家里生活困难，仅靠在外地工作的父亲每月寄回几十元钱过日子，母亲不得不经常向邻居开口借钱。母亲是个很顾脸面的人，每次向邻居家借钱，都需鼓起一番勇气。我怎么能那样为难母亲呢？我觉得自己真是太对不起母亲了。

于是我产生了一个念头，要靠自己挣钱买一支钢笔。于是，我冒雨朝火车站走去。火车站附近有座坡度很陡的桥。一些大孩子常等在坡下，帮拉货的手推车夫推上坡，可讨得5分钱或1角钱。

我走到那座大桥下，等待许久，不见有推车来。雨越下越大，我只好站到一棵树下躲雨。雨点噼噼啪啪地抽打着肥大的杨树叶，冲刷着马路。马路上不见一个行人的影子，只有公共汽车偶尔驶来驶去。除了几根电线杆子，远处迷迷蒙蒙的什么也看不清楚。

我正感到沮丧，想离开，可雨又太大，等下去，肚子又饿。这时，我忽然发现一辆手推车，装载着几层高的木箱子，遮盖着雨布，拉车人正在大雨中缓慢地、一步步地朝这里拉来。看得出，那人拉得非常吃力，腰弯得很低，上身几乎俯得与地面平行了，两条裤腿都挽到膝盖以上，双臂拼力压住车把，每迈一步，似乎都使出了浑身的劲。那人没穿雨衣，头上戴顶草帽。由于他上身俯得太低，无法看见他的脸，也不知他是个老头，还是个小伙儿。

他刚将车拉到大桥坡下，我便从树下一跃而出，大声问："要帮一把吗？"他应了一声，我便赶快绕到车后，一点也不隐藏力气地推起来。车上不知拉的何物，非常沉重。还未推到半坡，我便一点力气也没有了，双腿发软，气喘吁吁。那时我才知道，即使一角钱，也是并非容易挣到的，而且我还空着肚子呢。又推了几步，实在推不动了，就产生了"偷劲"的念头，反正拉车人是看不见我的。我刚刚松懈了一点力气，就觉得车轮顺坡倒转。不行，不容我"偷劲"。那拉车人，也肯定是凭着最后一点力气在坚持，在顽强地向坡上拉。我不忍心"偷劲"了。我咬紧牙关，憋足一股力气，一步接一步，机械地向前迈动着步子。

车轮忽然转动得迅速起来。我这才知道，已经将车推上了坡，开始下坡了。手推车飞快朝坡下冲，那拉车人身子太轻，压不住车把，反被车把将身子悬起来，腿离了地面，控制不住车的方向。幸亏车的方向并未偏往马路中间，始终贴着人行道边，一直滑到坡底才缓缓停下。

我一直跟在车后跑，车停了，我也站住了。那拉车人刚转过身，我便向他伸出一只手，大声说："给钱！"那拉车人呆呆地望着我，一动不动，不掏钱，也不说话。

我仰起脸看他，不由得愣住了，"他"原来是母亲。雨水，混和着汗水，从母亲憔悴的脸上直往下淌。母亲的衣服完全淋透了，像从水里捞出来的一样，湿漉漉地贴在身上，显出了她那瘦削的两肩的轮廓。她胸口剧烈地起伏着，脸色苍白，大口大口地喘着气。

我望着母亲，母亲望着我，我们母子完全怔住了。

> 此时此刻，作者母子二人的心里一定是百感交集！

就在那一天，我得到了那支钢笔，梦寐以求的钢笔。

母亲将它放在我手中时，满怀期望地说："孩子，你要用功读书啊。你要是不用功读书，就太对不起妈妈了……"

在我的学生时代，我一刻都没有忘记过母亲满怀期望对我说的这番话。

如今，二十多年过去了，我已经是个成年人了，母亲也变成了老太婆。那支笔，也可以说早已完成它的历史使命了。但我，却要永远保存它，永远珍视它，永远不抛弃它。

现在的五年级学生，是不会因家里买不起一支钢笔而哭闹了；现在的母亲们，也不会再为给孩子买一支钢笔而去冒着大雨拉车了。我们发展着的生活，正在消除着贫困。而那些在贫困之中积淀下来的有益的东西，将会存留在下一代心里。

母亲，我永远感激您当年为我买了那支老式的廉价的钢笔。

读中学写

我和大作家学写开头：

　　本文开篇先从破旧的钢笔写起，一方面可以自然引起对往事的回忆，另一方面也说明这支钢笔多年来为作者立下了汗马功劳，同时也从侧面交代了当时的生活条件非常艰苦。

我和大作家学动作描写：

　　本文最精彩的部分要数对雨中推车的动作描写了，如"腰弯得很低……双臂拼力压住车把，每迈一步，似乎都使出了浑身的劲"一句，把母亲拉车时的艰难情景，展现在读者眼前。再如"一跃而出"、"大声问"等词语，则把作者当时激动的心情刻画了出来。

我的 好词好句 积累卡

好词： 崭新　游荡　抽打　沮丧　轮廓　憔悴　湿漉漉　噼噼啪啪　迷迷蒙蒙　气喘吁吁　梦寐以求

好句： 看得出，那人拉得非常吃力，腰弯得很低，上身几乎俯得与地面平行了，两条裤腿都挽到膝盖以上，双臂拼力压住车把，每迈一步，似乎都使出了浑身的劲。
我们发展着的生活，正在消除着贫困。而那些在贫困之中积淀下来的有益的东西，将会存留在下一代心里。

我和橘皮的往事

　　多少年过去了，那张清瘦而严厉的，戴六百度黑边近视镜的女人的脸，仍时时浮现在我眼前，她就是我小学四年级的班主任老师。想起她，也就使我想起了一些关于橘皮的往事……

其实，校办工厂并非是今天的新事物。当年我的小学母校就有校办工厂。不过规模很小罢了。专从民间收集橘皮，烘干了，碾成粉，送到药厂去。所得加工费，用以补充学校的教学经费。

有一天，轮到我和我们班的几名同学，去那小厂房里义务劳动。一名同学问指派我们干活的师傅，橘皮究竟可以治哪几种病？师傅就告诉我们，可以治什么病，尤其对平喘和减缓支气管炎有良效。

我听了暗暗记在心里。我的母亲，每年冬季都被支气管炎所困扰，经常喘做一团，憋红了脸，透不过气来。可是家里穷，母亲舍不得花钱买药，就那么一冬季又一冬季地忍受着，一冬季比一冬季气喘得厉害。看着母亲喘做一团，憋红了脸透不过气来的痛苦样子，我和弟弟妹妹每每心里难受得想哭。我暗想，一麻袋又一麻袋，这么多这么多橘皮，我何不替母亲带回家一点儿呢？

当天，我往兜里偷偷揣了几片干橘皮。

以后，每次义务劳动，我都往兜里偷偷揣几片干橘皮。

> 这样的想法，为后来作者"偷拿"干橘皮埋下了伏笔。

母亲喝了一阵子干橘皮泡的水，剧烈喘息的时候，分明地减少了，起码我觉着是那样。我内心里的高兴，真是没法儿形容。母亲自然问过我——从哪儿弄的干橘皮？我撒谎，骗母亲，说是校办工厂的师傅送给的。母亲就抚摸我的头，用微笑表达她对她的一个儿子的孝心所感受到的那一份儿欣慰。那乃是穷孩子们的母亲们普遍的最由衷的也是最大的欣慰啊！……

不料想，由于一名同学的告发，我成了一个小偷，一个贼。先是在全班同学眼里成了一个小偷，一个贼，后来是在全校同学眼里成了一个小偷，一个贼。

那是特殊的年代。哪怕小到一块橡皮，半截铅笔，只要一旦和"偷"字连起来，也足以构成一个孩子从此无法洗刷掉的耻辱，也足以使一个孩子从此永无自尊可言。每每的，在大人们互相攻讦之时，你会听到这样的话——"你自小就是贼！"——那贼的罪名，却往往仅由于一块橡皮、半截铅笔。那贼的罪名，甚至足以使一个人背负终生。即使往后别人忘了，不再提起了，在他或她的内心里，也是铭刻下了。这一种刻痕，往往扭曲了一个人的一生。改变了一个人的一生。毁灭了一个人的一生……

在学校的操场上，我被迫当众承认自己偷了几次橘皮，当众承认自己是贼。当众，便是当着全校同学的面啊！……

于是我在班级里，不再是任何一个同学的同学，而是一个贼。于是我在学校里，仿佛已经不再是一名学生，而仅仅是，无可争议地是一个贼，一个小偷了。

> 对于一个十来岁的孩子来说，这是多么严重的伤害啊！

我觉得，连我上课举手回答问题，老师似乎都佯装不见，目光故意从我身上一扫而过。

我不再有学友了。我处于可怕的孤立之中。我不敢对母亲讲我在学校的遭遇和处境，怕母亲为我而悲伤……

当时我的班主任老师，也就是那一位清瘦而严厉的，戴六百度近视镜的中年女教师，正休产假。

她重新给我们上第一堂课的时候，就觉察出了我的异常处境。

放学后她把我叫到了僻静处，而不是教员室里，问我究竟做了什么不光彩的事？

我哇地哭了……

第二天，她在上课之前说："首先我要讲讲梁绍生（我当年的本名）和橘皮的事。他不是小偷，不是贼。是我吩嘱他在义务劳动时，别忘了为老师带一点儿橘皮。老师需要橘皮掺进别的中药治病。你们再认为他是小偷，是贼，那么也把老师看成是小偷，是贼吧！……

第三天，当全校同学做课间操时，大喇叭里传出了她的声音。说的是她在课堂上所说的那番话……

从此我又是同学的同学，学校的学生，而不再是小偷不再是贼了。从此我不想死了……

我的班主任老师，她以前对我从不曾偏爱过，以后也不曾。在她眼里，以前和以后，我都只不过是她的四十几名学生中的一个，最普通最寻常的一个……

但是，从此，在我心目中，她不再是一位普通的老师了。尽管依然像以前那么严厉，依然戴六百度的近视镜……

在"文革"中，那时我已是中学生了，没给任何一位老师贴过大字报。我常想，这也许和我永远忘不了我的小学班主任老师有某种关系。没有她，我不太可能成为作家。也许我的

> 是老师用爱心改变了作者的一生。

人生轨迹将彻底地被扭曲、改变，也许我真的会变成一个贼，以我的堕落报复社会。也许，我早已自杀了……

以后我受过许多险恶的伤害。但她使我永远相信，生活中不只有坏人，像她那样的好人是确实存在的……因此我应永远保持对生活的真诚热爱！

读中学写

我和大作家学写好开头：

"多少年过去了，那张清瘦而严厉的，戴六百度黑边近视镜的女人的脸，仍时时浮现在我眼前"，这样的开头突出了作者对老师的深刻印象，流露出对老师的感激和怀念之情，定下了全文的感情基调。

我和大作家学心理描写：

看到母亲病情减轻时，作者心中充满了欣慰；被同学们当作"贼"时，内心充满了痛苦；得到班主任老师的帮助之后，心中充满了感激；虽然时隔多年，作者心中仍充满感慨……这些细腻的心理描写，突出了作者对往事的深刻记忆，以及老师对自己产生的深远影响。

我的好词好句积累卡

好词： 良效 欣慰 洗刷 铭刻 扭曲 剧烈喘息 背负终生 佯装不见 一扫而过

好句： 多少年过去了，那张清瘦而严厉的，戴六百度黑边近视镜的女人的脸，仍时时浮现在我眼前，她就是我小学四年级的班主任老师。

我的班主任老师，她以前对我从不曾偏爱过，以后也不曾。在她眼里，以前和以后，我都只不过是她的四十几名学生中的一个，最普通最寻常的一个……

冰 心

名家简介

　　冰心（1900-1999），原名为谢婉莹，福建福州长乐人。现代著名诗人、作家、翻译家、儿童文学家。曾任中国文联副主席，中国作家协会名誉主席等职。"母爱、童真、自然"是冰心作品的主旋律。其代表作有《超人》、《繁星》、《春水》、《寄小读者》等。

课文再现

　　《纸船——寄母亲》（人教版五年级上册）这首诗记叙了作者在离别家乡、远渡重洋的途中，以小小的纸船捎去对母亲的爱和祝福，表达了作者对母亲、对祖国的深深眷恋之情。

小作家多多有话说 <<<<<

　　童心和母爱是贯穿冰心作品的主线，这一点我们已经通过对《纸船——寄母亲》一诗的学习，有所了解。下面围绕这两条主线，分别精选一篇短文，希望同学们能够通过这些清新、明丽的语言，感受到冰心冰清玉洁的心理世界。

课外链接

寄小读者（通讯十七）

小朋友：

健康来复的路上，不幸多歧，这几十天来懒得很；雨后偶然看见几朵浓黄的蒲公英，在匀整的草坡上闪烁，不禁又忆起一件事。

一月十九晨，是雪后浓阴的天。我早起游山，忽然在积雪中，看见了七八朵大开的蒲公英。我俯身摘下握在手里，——真不知这平凡的草卉，竟与梅菊一样的耐寒。我回到楼上，用条黄丝带将这几朵缀将起来，编成王冠的形式。人家问我做什么，我说"我要为我的女王加冕"。说着就随便地给一个女孩子戴上了。

大家欢笑声中，我只无言地卧在床上——我不是为女王加冕，竟是为蒲公英加冕了。蒲公英虽是我最认识的一种草花，但从来是被人轻忽，从来是不上美人头的。今日因着情不可却，我竟让她在美人头上，照耀了几点钟。

蒲公英是黄色、迭瓣的花。很带着菊花的神意，但我也不曾偏爱她。我对于花卉是普遍的爱怜，虽有时不免喜欢玫瑰的浓郁和桂花的清远。而在我忧来无方的时候，玫瑰和桂花也一样的成粪土。在我心情怡悦的一刹那顷，高贵清华的菊花，也不能和我手中的蒲公英来占夺位置。

> "尺有所短，寸有所长"说的大概就是这个道理吧！

世上的一切事物，只有百千万面大大小小的镜子，重重对照，反射又反射；于是世上有了这许多璀璨辉煌、虹影般的光彩。没有蒲公英，显不出雏菊；没有平凡，显不出超绝。而且不能因为大家都爱雏菊，世上便消灭了蒲公英；不能因为大家敬礼超人，即世上便消灭了庸碌，使这一切都能因着世人的爱憎，而生灭；只恐到了满山满谷都是菊花和超人的时候，菊花的价值，反不如蒲公英，超人的价值，反不及庸碌了。

所以世上一物有一物的长处，一人有一人的价值。我不能偏爱，也不肯偏憎。悟到万物相衬托的理，我只愿我心如水，处处相平。我愿菊花在我眼中，消失了她的富丽堂皇，蒲公英也解除了她的局促羞涩，博爱的极端，翻成淡漠。但这种普遍淡漠的心，除了博爱小朋友，有谁知道？

书到此，高天萧然，楼上风紧得很，再谈了，我的小朋友！

我和大作家学借物抒情：

在这封信中，作者通过对蒲公英的喜爱，巧妙地抒发了自己独特的人生感悟，即对小朋友既不能偏爱，也不肯偏憎，而是怀着一颗博爱的心。借物抒情手法的运用，使得说理深入浅出，生动易懂。

我和大作家学对比手法：

对比鲜明是本文的突出特点。如情绪不好的时候，玫瑰和桂花也一样的成粪土；而心情怡悦时，即便是卑微的蒲公英也一样可以钟爱……这种对比表达了作者独特的人生感悟。

我的好词好句积累卡

好词：闪烁 加冕 无言 照耀 淡漠 羞涩 高贵清华 璀璨辉煌 富丽堂皇

好句：我对于花卉是普遍的爱怜，虽有时不免喜欢玫瑰的浓郁和桂花的清远。而在我忧来无方的时候，玫瑰和桂花也一样的成粪土。
所以世上一物有一物的长处，一人有一人的价值。我不能偏爱，也不肯偏憎。

往事七

父亲的朋友送给我们两缸莲花，一缸是红的，一缸是白的，都摆在院子里。

八年之久，我没有在院子里看莲花了——但故乡的园院里，却有许多；不但有并蒂的，还有三蒂的，四蒂的，都是红莲。

九年前的一个月夜，祖父和我在园里乘凉。祖父笑着和我说："我们园里最初开三蒂莲的时候，正好我们大家庭里添了你们三个姊妹。大家都欢喜，说是应了花瑞。"

半夜里听见繁杂的雨声，早起是浓阴的天，我觉得有些烦闷。从窗内往外看时，那一朵白莲已经谢了，白瓣儿小船般散飘在水里。梗上只留个小小的莲蓬，和几根淡黄色的花须。那一朵红莲，昨夜还是菡萏的，今晨却开满了，亭亭地在绿叶中间立着。

仍是不适意！——徘徊了一会了，窗外雷声作了，大雨接着就来，愈下愈大。那朵红莲，被那繁密的雨点，打得左右攲斜。在无遮蔽的天空之下，我不敢下阶去，也无法可想。

对屋里母亲唤着，我连忙走过去，坐在母亲旁边——一回头忽然看见红莲旁边的一个大荷叶，慢慢地倾侧了下来，正覆盖在红莲上面……我不宁的心绪散尽了！

雨势并不减退，红莲却不摇动了。雨点不住地打着，只能在那勇敢慈怜的荷叶上面，聚了些流转无力的水珠。

> 这情景多么像慈爱的母亲在勇敢地呵护自己的孩子啊！

我心中深深地受了感动——

母亲啊！你是荷叶，我是红莲，心中的雨点来了，除了你，谁是我在无遮拦天空下的荫蔽？

读中**学**写

我和大作家学景物描写：

本文在描写景物时，语言非常生动。如"亭亭地在绿叶中间立着"一句，展现了荷花优雅的形态；"左右敧斜"一词则把荷花风雨飘摇的情景生动地表现了出来……这些生动的景物描写，都表达了作者对荷花的怜爱之情。

我和大作家学借景抒情：

看到眼前荷叶为荷花遮风挡雨的情景，作者心中非常感动，于是自然联想到母亲对孩子的关爱与呵护。借景抒情手法的运用，使荷叶与母亲巧妙地联系在一起，从而照应了"荷叶母亲"这一标题。

我的**好词好句**积累**卡**

好词：乘凉 繁杂 浓阴 烦闷 徘徊 覆盖 无法可想 流转无力

好句：从窗内往外看时，那一朵白莲已经谢了，白瓣儿小船般散飘在水里。梗上只留个小小的莲蓬，和几根淡黄色的花须。

雨势并不减退，红莲却不摇动了。雨点不住地打着，只能在那勇敢慈怜的荷叶上面，聚了些流转无力的水珠。

姜尼·罗达里

名家简介

　　姜尼·罗达里（1920-1980），意大利儿童文学作家，曾任教师、编辑、记者等职。40年代开始写童谣和童话故事，一生为儿童写作大量作品，成为世界儿童文学泰斗。主要作品有长篇童话《洋葱头历险记》、《假话国历险记》，童话集《蓝箭》、《电话里的故事》等，儿童小说《3个小流浪儿》，儿童诗《童谣儿集歌》等。

课文再现

　　《不愿长大的小姑娘》（北师大版三年级上）这篇课文，讲述了一个小姑娘起初不愿长大，但是当她看到妈妈工作辛苦、生病卧床休息需要人关心照顾时，又渴望自己赶快长大的事情。文章表现了小姑娘对妈妈的体贴和关爱，生动反映了儿童身心一步步成长的过程。

小作家多多有话说 <<<<

　　姜尼·罗达里是著名的儿童文学作家，他那些欢快活泼、童趣盎然的作品，不仅带给孩子们无尽的欢乐，更启发了孩子们对人生的深深思索。

课外链接

给仙人的信

不知道是真是假，
说是夜里，
仙人把礼物放进毛袜；
不知道是真是假，
说是过节，
仙人把玩具放在好孩子的枕头底下？
我不顽皮，一举一动都好，
就是在袜子里什么也没找到。

亲爱的仙人，今天是除夕，
你的火车一定开过这里。
我心里就怕一件事情，
就怕你的火车开过我们这儿不停，
就怕你走过了穷人们的破房土窑，
把我们这些好而穷的孩子漏掉。

仙人呐，我们要感谢得了不得，
如果你坐上一辆慢车，
在有孩子等你的每家门口停上一刻。

> 一个"找"字把儿童天真无邪的心理生动地刻画了出来。

读中学写

我和大作家学想象：

在这首小诗中，作者以儿童的语气给仙人写信，在儿童看来，仙人总

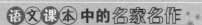
是坐着火车来，又坐着火车走的，因此才显得那样行色匆匆。这种奇特的想象反映了儿童丰富的心理世界。

我和大作家学深刻寓意：

　　在本诗中，浅显易懂的语言中包含着深刻的寓意。尤其"就怕你走过了穷人们的破房土窑，把我们这些好而穷的孩子漏掉"一句，诗人借助孩子之口，表达了对贫穷孩子命运的关注，寄托了对穷苦孩子的美好祝福。

好词： 顽皮　一举一动

好句： 仙人呐，我们要感谢得了不得，如果你坐上一辆慢车，在有孩子等你的每家门口停上一刻。

雀　儿

开开窗户吧，外头真冷呀，
幼儿园的小朋友哟，快开窗！
我是一无所有的可怜雀儿呀，
身上没有暖和的皮袄穿。
我昨儿个就看见了呀，
看见你们把枞树抬进了屋，
我看见你们在幼儿园里，
围着枞树跳跃又拍手。

我看到每根枞树上，
挂满了数不清的果品，

我看到每根枞针上，
都闪耀着明亮的星星。

我数呀，数呀，数呀，
总数不清有多少点亮光！
就像童话里讲到的彩虹，
那般神奇呵，那般灿烂。

这样的场面多么
欢乐！

好心的小朋友啊，小朋友，
请让我飞进你们的幼儿园，
我把雀窝儿做在枞树里，
做在你们完全看不见的地方。

你们好玩儿的玩具真多哇！
挂满了枞树的上上下下，
瞧这是棉花絮儿做的白雪，
瞧这是硬纸板做的月牙！

但是，要是你们只管自个儿，
把我这黑眼珠的雀儿关在门外，
睁眼看我这在窗外挨冻的客人，
你们总也不会玩得痛快！

我不是你们枞树上那透明的红鸟，
我是活生生的鸟儿呀，
我的心儿砰砰地在胸中跳荡，
我是真真真的鸟儿呀。

我是一只懂事的雀儿啊，
我一点儿也不会贪心的，
我只想暖和暖和我的身子，
随你们的心给我吃点东西。

语文课本中的名家名作

喂我的东西不用成堆成堆儿的，
我只是要一点饼干也就满足了呀，
就为这一点儿充饥的食物哟，
我多少次飞到你们窗外屋檐下。

开开窗户吧，外头真冷呀，
幼儿园的小朋友哟，快开窗，
我是一无所有的可怜雀儿呀，
身上没有暖和的皮袄穿。

> 可怜的境遇，真诚的语言，令人深受感动。

读中写

我和大作家学巧妙构思：

这首诗的构思非常巧妙。诗人借助奇特想象化身为一只雀儿，借助小鸟的眼睛观察人类，通过对小鸟心理世界的详细刻画，展现了儿童快乐、幸福的生活，欢乐的场面令读者如临其境。

我和大作家学对比：

在这首诗中，孩子们的幸福生活与小鸟可怜的处境形成鲜明的对比，这种对比既巧妙衬托出儿童欢乐、幸福的生活情景，又突出了诗人对小鸟的关爱与同情，反映了儿童美好、善良的心理。

我的好词好句积累卡

好词： 跳跃　闪耀　神奇　灿烂　痛快　跳荡　屋檐　一无所有

好句： 我数呀，数呀，数呀，总数不清有都少点亮光！就像童话里讲到的彩虹，那般神奇呵，那般灿烂。
我是一只懂事的雀儿啊，我一点儿也不会贪心的，我只想暖和暖和我的身子，随你们的心给我吃点东西。

袁 鹰

名家简介

　　袁鹰，原名田钟洛，江苏淮安县人，1924年出生，当代著名的作家、诗人、儿童文学家、散文家。长期在报社当记者、编辑，写了大量散文、诗歌、报告文学和儿童文学作品。他的不少散文、诗歌特别适合青少年阅读，如《井冈翠竹》、《小站》、《渡口》、《白杨》、《黄河的主人》等，都被选入中小学语文课本，广为流传，影响了一代又一代小读者。

课文再现

　　在《白杨》（人教版五年级下册）一文中，作者讲述了在通往新疆大戈壁的列车上，一位父亲与孩子们的对话。父亲望着窗外的白杨，借助白杨，热情讴歌了祖国边疆的建设者们，同时也表达了自己服从祖国的需要，扎根边疆、建设边疆、无私奉献的高尚理想。

小作家多多有话说

　　在作家袁鹰的眼中，大自然的一切都是富有灵性的，戈壁滩的白杨、驶向港口的归帆、井冈山的翠竹……它们似乎都有着鲜明的形象和丰富的情感，并且向人们讲述着一段不同凡响的生活。

课外 链接

归 帆

我看见过太湖上的归帆，也看见过东海上的归帆。

夕阳把水面映得通红，把天空也染成万道彩霞。转眼功夫，又变成紫绛色，最后，逐渐增加一层层灰暗。于是黄昏的纱幕就轻轻地落到水面上。

就在这当儿，水天相连处出现一只帆影，接着又是一只……不多久，整个船队都出现了，它们散散落落地驶回港口，仿佛一队出征的战士。唱着凯歌整队回营，带着满舱的战利品。

但这只是从岸上远处看到的景象。等到这些船只快到码头，船老大准备向岸上抛绳时，情形便不一样了。

有的船上喜笑颜开，热火朝天。小伙子们打闹着、嬉笑着，隔着水同岸上人大声地招呼，问大队里有些什么事，广播站有些什么重要新闻，也故意说些无关要紧的话。这样的船，不用问，就能断定今天的成绩好，超额完成了生产的指标，说不定还网住了几条少见的大鱼。

有的船上并不怎么喧闹，人们低着头各自在忙着自己的事，要趁归航的一段时间再抢出点活来。岸上的声音，自家屋顶的炊烟，都不曾使他们抬一下头，好像船将要停靠的，并不是自己的家，而是半路上一个什么小岛。这样的船，多半是遇到过什么困难和挫折，或是被风暴打断了桅杆；或是被什么弄坏了鱼网；再不然就是有谁临时生了病，正躺在舱里休息，别人正顶接他紧张的工作。

还有一种船，几乎是垂头丧气，悄悄儿溜回来的。船老大不停地抽着旱烟，望着水面沉思；平时爱打闹的小伙子，像泄了气的皮球，闷声不响地蹲在甲板上。岸上人同他们打招

> 传神的动作描写，生动表现了大家因没有完成任务而失望的心情。

呼，有的不搭理，有的只苦笑着做个鬼脸。这样的船，准是由于某种原因，今天没有能完成任务。虽说渔家生产并不在乎一天的得失，但是，没有完成自己订的指标，人们总不会有好情绪。对工作的责任感，在纠缠着、冲击着他们。

沉沉的夜幕笼罩住渔村，笼罩住每个渔家的笑语和沉思。无论是哪条船上的人们，都休息了，积蓄力量，准备迎接新的战斗。对于明天的信念，人们总是相同的。即使暂时泄了气的，在明天清晨出海的时候，也一定会抖擞精神，重新鼓起劲儿来。

生活，也一如波涛汹涌的大海，有汐也有潮。在每一天送走夕阳的时候，你有没有想过自己这条归帆，是属于哪一种的呢？你又打算怎样迎接明天的旭日呢？

我和大作家学动作描写：

传神的动作描写是本文的突出特点。如满载而归者"打闹着、嬉笑着"还"大声地招呼"；收获一般的人"低着头各自在忙着自己的事"；没有完成任务的船上，"船老大不停地抽着早烟，望着水面沉思；平时爱打闹的小伙子，像泄了气的皮球，闷声不响地蹲在甲板上"……这种景象形成鲜明的对比，传神的动作描写反映了人们不同的心情。

我和大作家学精彩结尾：

在文章最后，作者由三种不同情景的归船，联想到生活，以两个疑问句引发了读者的深深思索，从而启发读者明白付出与收获之间的关系。深刻的哲理发人深思。

我的好词好句积累卡

好词： 夜幕　笼罩　喜笑颜开　热火朝天　抖擞精神　水天相连　万道彩霞

好句： 夕阳把水面映得通红，把天空也染成万道彩霞。转眼功夫，又变成紫绛色，最后，逐渐增加一层层灰暗。于是黄昏的纱幕就轻轻地落到水面上。

井冈翠竹

井冈山五百里林海，最使人难忘的是毛竹。

从远处看，郁郁苍苍，重重叠叠，望不到头。到近处看，有的修直挺拔，好似当年山头的岗哨；有的密密麻麻，好似埋伏在深坳里的奇兵；有的看来出世还不久，却也亭亭玉立，别有一番神采。

"井冈山的竹子，是革命的竹子！"井冈山人爱这么自豪地说。

有道是：天下竹子数不清，井冈山竹子头一名。

是的，当年用自己的血汗保卫过第一个红色政权的战士们，谁不记得井冈山上的翠竹呢？用它搭过帐篷，用它做过梭镖，用它当罐盛过水、当碗蒸过饭，用它做过扁担和吹火筒，在黄洋界和八面山上，还用它摆过三十里竹钉阵，使多少白匪魂飞魄散，鬼哭狼嚎。如今，早就不再用竹钉当武器了，然而谁又能把它们忘怀呢？

你看，那边山路上走来了两位老表，一人提着一只竹筒。这是什么？这不是红军的硝盐罐吗？要不，是给山头的红军送饭来了吧？这两只小小的竹筒，能引起老战士们多少回忆！看见它，就想起了竹筒饭的清香，想起了老表们冲过白匪封锁线冒着生命危险送上山来的粮食，想起了山上缺粮的年月，红军每天每顿只能用南瓜充饥，但是同志们仍然意气风发地唱："天天吃南瓜，革命打天下！"

你看那毛竹做的扁担，多么坚韧，多么结实，再重的担子也能挑得起。当年毛委员和朱军长带领队伍下山去挑粮食，不就是用这样的扁担么？井冈山革命博物馆里，还陈列着一根写着"朱德的"三个字的扁担。他们肩上挑的，哪里只是粮食？挑的是中国的无产阶级革命！我们的老一辈无产阶级革命家们，正是用井冈山毛竹做的扁担，把这一副关系全中国人民命运的重担，从井冈山出发，走过漫漫长途，一直挑到北京城。

毛委员和朱军长下山去了，红军下山去了，井冈山的毛竹，同井冈山人民一样，坚贞不屈。血雨腥风里，毛竹青了又黄，黄了又青，不向残暴低头，不向敌人弯腰。竹叶烧了，还有竹枝；竹枝断了，还有竹鞭；竹鞭砍了，还有深埋在地下的竹根。"野火烧不尽，春风吹又生。"一到春天，漫山遍野，向大地显露着无限生机的，依然是那一望无际的翠竹！

毛竹年年长，为的是向敌人示威：井冈山是压不倒、烧不光的。毛竹年年绿，为的是等待亲人，等待当年用竹筒盛水蒸饭、用竹钉竹枪打白匪的红军，等待自己的英雄子弟，朝也等，暮也等，等了漫长的二十年。二十年过去了，毛竹依旧是那么青翠，那么稠密，井冈山终于换了人间！

井冈山的翠竹啊，你是革命的竹子！你不仅曾经为革命建立功勋，而且现在和将来仍然为社会主义、共产主义大厦继续献出一切。你永远那么青翠，永远那么挺拔，风吹雨打，从不改色；刀砍火烧，永不低头——这正是英雄的井冈山人，也是亿万中国人民的革命气节和革命精神！

读中学写

我和大作家学联想：

在本文中，作者由眼前的翠竹联想到它们光辉的历史，由"老表"的扁担联想到毛泽东和朱德挑粮的情景，最后再由井冈翠竹的历史，联想到它们的未来……这种丰富的联想，把不同历史时期的事情集中在一起，充分表现了井冈翠竹所代表的革命气节和革命精神。

我和大作家学排比手法：

文中多处运用了排比手法，如开篇用三个"有的"生动描绘了井冈翠竹的壮丽景象；接着连用"用它……用它……"的句式回顾井冈翠竹的光辉历史；最后再用三个"等待"表现井冈翠竹坚强不屈的精神。排比手法增强了文章的气势和表现力，也使作者对井冈翠竹的赞美之情抒发得更加强烈。

我的好词好句积累卡

好词： 郁郁苍苍　密密麻麻　魂飞魄散　鬼哭狼嚎　意气风发　坚贞不屈　血雨腥风　无限生机　风吹雨打

好句： 血雨腥风里，毛竹青了又黄，黄了又青，不向残暴低头，不向敌人弯腰。竹叶烧了，还有竹枝；竹枝断了，还有竹鞭；竹鞭砍了，还有深埋在地下的竹根。

井冈山的翠竹啊，你是革命的竹子！你不仅曾经为革命建立功勋，而且现在和将来仍然为社会主义、共产主义大厦继续献出一切。

季羡林

名家简介

　　季羡林（1911-2009），字希逋，又字齐奘。中国著名的古文字学家、历史学家、东方学家、思想家、翻译家、佛学家、作家。曾任中国科学院哲学社会科学学部委员、北京大学副校长等职。他精通12国语言，著有论文集《中印文化关系史论丛》、《〈罗摩衍那〉初探》等，散文集《天竺心影》、《朗润集》、《季羡林选集》等。

课文再现

　　在《自己的花是让别人看的》（人教版五年级下册）一文中，作者通过自己早年在德国留学的经历，和对多年后旧地重游看到的景象的描写，展现了德国迷人的异国风情和与众不同的风俗习惯，赞扬了人们质朴、纯真的美好心灵。

小作家多多有话说 <<<<

　　季羡林以其渊博的知识和对民族文化的浓厚情结，被誉为中国当代的"国学大师"，备受世人敬仰。让我们通过下面两篇文章，透过他头顶耀眼的光环，去感受他丰富、细腻的情感世界。

课外 链接

神奇的丝瓜

今年春天，孩子们在房前空地上，斩草挖土，开辟出来了一个一丈见方的小花园。周围用竹竿扎了一个篱笆，移来了一棵玉兰花树，栽上了几株月季花，又在竹篱下面随意种上了几棵扁豆和两棵丝瓜。土壤并不肥沃，虽然也铺上了一层河泥，但估计不会起很大的作用，大家不过是玩玩而已。

过了不久，丝瓜竟然长了出来，而且日益茁壮、长大。这当然增加了我们的兴趣。但是我们也并没有过高的期望。我自己每天早晨工作疲倦了，常到屋旁的小土山上走一走，站一站，看看墙外马路上的车水马龙和亚运会招展的彩旗，顾而乐之，只不过顺便看一看丝瓜罢了。

此时的不屑一顾是为了反衬后文丝瓜的神奇表现。

丝瓜是普通的植物，我也并没有想到会有什么神奇之处。可是忽然有一天，我发现丝瓜秧爬出了篱笆，爬上了楼墙。以后，每天看丝瓜，总比前一天向楼上爬了一大段；最后竟从一楼爬上了二楼，又从二楼爬上了三楼。说它每天长出半尺，决非夸大之词。丝瓜的秧不过像细绳一般粗，如不注意，连它的根在什么地方，都找不到。这样细的一根秧竟能在一夜之间输送这样多的水分和养料，供应前方，使得上面的叶子长得又肥又绿，爬在灰白色的墙上，一片浓绿，给土墙增添了无限活力与生机。

这当然让我感到很惊奇，我的兴趣随之大大地提高。每天早晨看丝瓜成了我的主要任务，爬小山反而成为次要的了。我往往注视着细细的瓜秧和浓绿的瓜叶，陷入沉思，想得很远，很远……

又过了几天，丝瓜开出了黄花。再过几天，有的黄花就变成了小小的绿色的瓜。瓜越长越长，越长越长，重量当然也越来越增加，最初长出的那一个小瓜竟把瓜秧坠下来了一点，直挺挺地悬垂在空中，随风摇摆。我真是替它担心，生怕它经不住这一份重量，会整个地从楼上坠了下来落到地上。

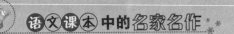

　　然而不久就证明了，我这种担心是多余的。最初长出来了的瓜不再长大，仿佛得到命令停止了生长。在上面，在三楼一位一百零二岁的老太太的窗外窗台上，却长出来两个瓜。这两个瓜后来居上，发疯似的猛长，不久就长成了小孩胳膊一般粗了。这两个瓜加起来恐怕有五六斤重，那一根细秧怎么能承担得住呢？我又担心起来。

　　没过几天，事实又证明了我是杞人忧天。两个瓜不知从什么时候忽然弯了起来，把躯体放在老太太的窗台上，从下面看上去，活像两个粗大弯曲的绿色牛角。

　　不知道从哪一天起，我忽然又发现，在两个大瓜的下面，在二三楼之间，在一根细秧的顶端，又长出来了一个瓜，垂直地悬在那里。我又犯了担心病：这个瓜上面够不到窗台，下面也是空空的；总有一天，它越长越大，会把上面的两个大瓜也坠了下来，一起坠到地上，落叶归根，同它的根部聚合在一起。

　　然而今天早晨，我却看到了奇迹。同往日一样，我习惯地抬头看瓜：下面最小的那一个早已停止生长，孤零零地悬在空中，似乎一点分量都没有；上面老太太窗台上那两个大的，似乎长得更大了，威武雄壮地压在窗台上；中间的那一个却不见了。我看看地上，没有看到掉下来的瓜。等我倒退几步抬头再看时，却看到那一个我认为失踪了的瓜，平着身子躺在抗震加固时筑上的紧靠楼墙凸出的一个台子上。这真让我大吃一惊。这样一个原来垂直悬在空中的瓜怎么忽然平身躺在那里了呢？这个凸出的台子无论是从上面还是从下面都是无法上去的，决不会有人把丝瓜摆平的。

　　我百思不得其解，徘徊在丝瓜下面，像达摩老祖一样，面壁参禅。我仿佛觉得这棵丝瓜有了思想，它能考虑问题，而且还有行动，它能让无法承担重量的瓜停止生长；它能给处在有利地形的大瓜找到承担重量的地方，给这样的瓜特殊待遇，让它们疯狂地长；它能让悬垂的瓜平身躺下。如果不是这样的话，无论如何也无法解释我上面谈到的现象。但是，如果真是这样的话，又实在令人难以置信。丝瓜用什么来思想呢？丝瓜靠什么来指导自己的行动呢？上下数千年，纵横几万里，从来也没有人说过，丝瓜会有思想。我左考虑，右考虑，越考虑越糊涂。我无法同丝瓜对话，这是一个沉默的奇迹。瓜秧仿佛成了一根神秘的绳子，绿叶上照旧浓翠扑人眉宇。我站在丝瓜下面，陷入梦幻。而丝瓜则似乎心中有数，无言

> 奇特的想象反映了作者丰富的精神世界，表达了作者对丝瓜的由衷赞叹之情。

静观，它怡然泰然悠然坦然，仿佛含笑面对秋阳。

读中学写

我和大作家学心理描写：

　　作者在文中大量穿插了自己的心理描写。如种丝瓜时的不屑心情，觉得丝瓜藤会坠落楼下时的忧虑，丝瓜转危为安后的欣慰和沉思……生动的心理描写既突出了作者对丝瓜的赞叹，也给读者留下一个个悬念，引导读者带着起伏的情感阅读下文。

我和大作家学过渡：

　　过渡自然是本文一个突出的特点。如"过了不久"、"又过了几天"、"然而不久"、"不知道从哪一天起"、"然而今天早晨"，这些表示时间的语句，紧承前面的内容而来，过渡非常自然，使文章思路格外流畅。

我的好词好句积累卡

> **好词：**篱笆　直挺挺　日益苗壮　随风摇摆　杞人忧天　落叶归根　威武雄壮　难以置信　百思不得其解
>
> **好句：**我仿佛觉得这棵丝瓜有了思想，它能考虑问题，而且还有行动，它能让无法承担重量的瓜停止生长；它能给处在有利地形的大瓜找到承担重量的地方，给这样的瓜特殊待遇，让它们疯狂地长；它能让悬垂的瓜平身躺下。
>
> 我站在丝瓜下面，陷入梦幻。而丝瓜则似乎心中有数，无言静观，它怡然泰然悠然坦然，仿佛含笑面对秋阳。

月是故乡明

　　每个人都有个故乡，人人的故乡都有个月亮。人人都爱自己的故乡的月亮。事情大概就是这个样子。

但是，如果只有孤零零一个月亮，未免显得有点孤单。因此，在中国古代诗文中，月亮总有什么东西当陪衬，最多的是山和水，什么"山高月小"、"三潭印月"，等等，不可胜数。

我的故乡是在山东西北部大平原上。我小的时候，从来没有见过山，也不知山为何物。我曾幻想，山大概是一个圆而粗的柱子吧，顶天立地，好不威风。以后到了济南，才见到山，恍然大悟：山原来是这个样子呀！因此，我在故乡望月，从来不同山联系。像苏东坡说的"月出于东山之上，徘徊于斗牛之间"，完全是我无法想象的。

> 故乡缺乏诗意的月亮，更加突出了作者对故乡的热爱之情。

至于水，我的故乡小村却大大地有。几个大苇坑占了小村面积一多半。在我这个小孩子眼中，虽不能像洞庭湖"八月湖水平"那样有气派，但也颇有一点烟波浩渺之势。到了夏天，黄昏以后，我在坑边的场院里躺在地上，数天上的星星。有时候在古柳下面点起篝火，然后上树一摇，成群的知了飞落下来，比白天用嚼烂的麦粒去粘要容易得多。我天天晚上乐此不疲，天天盼望黄昏早早来临。

到了更晚的时候，我走到坑边，抬头看到晴空一轮明月，清光四溢，与水里的那个月亮相映成趣。我当时虽然还不懂什么叫诗兴，但也顾而乐之，心中油然有什么东西在萌动。有时候在坑边玩很久，才回家睡觉。在梦中见到两个月亮叠在一起，清光更加晶莹澄澈。第二天一早起来，到坑边苇子丛里去捡鸭子下的蛋，白白地一闪光，手伸向水中，一摸就是一个蛋。此时更是乐不可支了。

我只在故乡呆了六年，以后就离乡背井，漂泊天涯。在济南住了十多年，在北京度过四年，又回到济南呆了一年，然后在欧洲住了近十一年，重又回到北京，到现在已经四十多年了。在这期间，我曾到过世界上将近三十个国家，我看过许许多多的月亮。在风光旖旎的瑞士莱茫湖上，在平沙无垠的非洲大沙漠中，在碧波万顷的大海中，在巍峨雄奇的高山上，我都看到过月亮，这些月亮应该说都是美妙绝伦的，我都异常喜欢。但是，看到它们，我立刻就想到我故乡那苇坑上面和水中的那个小月亮。对比之下，无论如何我也感到，这些广阔世界的大月亮，万万比不上我那心爱的小月亮。不管我离开我的故乡多少万里，我的心立刻就飞来了。我的小月亮，我永远忘不掉你！

我现在已经年近耄耋，住的朗润园是燕园胜地。夸大一点说，此地有茂林修竹，绿水环流，还有几座土山，点缀其间。风光无疑是绝妙的。前几年，我从庐山休养回来，一个同在庐山休养的老朋友来看我。他看到这样的风光，慨然说："你住在这样的好地方，还到庐山干嘛呢！"可见朗润园给人印象之深。此地既然有山，有水，有树，有竹，有花，有鸟，每逢望夜，一轮当空，月光闪耀于碧波之上，上下空，一碧数顷，而且荷香远溢，宿鸟幽鸣，真不能不说是赏月胜地。荷塘月色的奇景，就在我的窗外。不管是谁来到这里，难道还能不顾而乐之吗？

然而，每值这样的良辰美景，我想到的却仍然是故乡苇坑里的那个平凡的小月亮。见月思乡，已经成为我经常的经历。思乡之病，说不上是苦是乐，其中有追忆，有惆怅，有留恋，有惋惜。流光如逝，时不再来。在微苦中实有甜美在。

月是故乡明，我什么时候能够再看到我故乡的月亮呀！我怅望南天，心飞向故里。

读中学写

我和大作家学运用对比：

本文多处运用了对比手法。如作者在国外看到的美妙绝伦的月亮与故乡的小月亮形成对比，赏月胜地的朗润园与故乡形成对比，相比之下，作者更喜欢自己故乡的小月亮。这种强烈的对比突出了作者对故乡的热爱。

我和大作家学写好结尾：

在把朗润园与故乡进行对比之后，作者把笔触自然转移到故乡的月亮上来，与题目照应。"怅望南天，心飞向故里"一句，表达了作者对故乡的思念之情，点明了文章的中心，可谓是全文的点睛之笔。

我的 好词好句 积累卡

好词： 不可胜数　顶天立地　恍然大悟　烟波浩渺　清光四溢　相映成趣　离乡背井　漂泊天涯　风光旖旎　良辰美景　美妙绝伦

好句： 到了更晚的时候，我走到坑边，抬头看到晴空一轮明月，清光四溢，与水里的那个月亮相映成趣。

在风光旖旎的瑞士莱茫湖上，在平沙无垠的非洲大沙漠中，在碧波万顷的大海中，在巍峨雄奇的高山上，我都看到过月亮，这些月亮应该说都是美妙绝伦的，我都异常喜欢。

赵丽宏

名家简介

　　赵丽宏，上海市崇明县人，1951年出生，当代著名散文家、诗人。他当过木匠、乡邮递员、教师与机关工作人员，曾任上海市青年联合会副主席，全国政协委员，现为上海作协副主席。赵丽宏1977年开始文学创作，著有散文集《风啊，你这弹琴的老手》、《生命草》、《维纳斯在海边》等。

课文再现

　　在《与象共舞》（人教版五年级下册）这篇文章中，作者通过对大象的外貌、神态、动作和性格等方面的描写，表现了大象聪明、善于表演等方面的特点。反映了泰国人与大象之间亲密和谐的关系，展示了泰国独特的地域文化。

小作家多多有话说 <<<<

　　通过了解不难发现，很多出色的作家似乎都有着丰富多彩的童年生活。是作家这个职业成就了他们的童年，还是童年成就了他们的作家人生？阅读下面的文章，看看能否找到自己想要的答案。

课外链接

童年的小步舞曲

此刻当我提笔写这篇短文的时候，我桌边的激光唱机里，正放着巴赫的G大调小步舞曲。那轻快活泼的旋律，又把我带回到四十多年前。

那一年的春天，我们举家搬迁，从繁嚣的城市来到上海郊县的龙华乡下，住在一个名叫赵家宅的小村里。

我上的学校，是离家三里多远的上海小学。这是当时上海一所非常有名的小学，是一所可以寄宿的学校，因我家离学校不算太远，所以走读。

新学校和我原来读的城市弄堂小学完全不同，这里有绿树成阴的校园，有高大的教学楼，每间教室都是那么宽敞明亮。最新奇的是上音乐课不再待在自己的教室里，不再是由几个身强力壮的同学去其他教室抬一个笨重的风琴来，由老师边费力地踩着风琴踏板，边教我们唱歌。新学校的音乐教室，在教学大楼边上的一溜造型别致的小平房里。音乐教室里放着一架大钢琴，教音乐的是一位刚从师范学校毕业不久的，像大姐姐一样的老师。老师的一双手像活泼的蝴蝶，在钢琴上白的和黑的键盘上飞舞，一串串清如流水般的琴音就流淌出来。

老师教我唱的第一首歌是这样的：

"当我们同在一起，在一起，在一起，当我们同在一起，其快乐无比。你看着我笑哈哈，我看着你笑嘻嘻，当我们同在一起，其快乐无比。"

四十年后还记得儿时的歌词，可见作者对童年的记忆多么深刻！

我跟随着老师轻快的琴音唱着，觉得和这样的老师在一起，和这样的有着钢琴的音乐教室在一起，和这样一些活泼快乐的小伙伴在一起，真是快乐无比。这是我有生以来唱得最认真，唱得最动情的一首歌，直到四十多年后的今天，尽管我的头发早已斑白，但我还时常轻轻地哼唱这首童年的歌。

最有意思的是每次上音乐课的时候，我们都在音乐教室门口排好队，然后老师弹奏一支动听的乐曲，我们拍着小手，踏着整齐的脚步进教室。这在今天的孩子看来似乎很平常，但在四五十年前，可以说是音乐教学上的重大改革。

老师每堂课弹的曲子不一样，但是有一首曲子是老师常弹的，我也最爱听这支乐曲。每当老师弹起这首曲子时，我会觉得连教室旁边的那一片片沙沙的白杨树叶，也唱得分外好听。音乐伴和着校园里春天的泥土和鲜花的香味，真让我陶醉。仿佛老师不仅仅是用双手在弹，而是用整个身心在吟唱着这支乐曲……

于是，我的小手会拍得分外起劲，脚步也踩得分外欢快而有节奏。

直到很多年以后，当我自己进了师范学校才知道，老师常弹奏的这支曲子，是巴赫的小步舞曲。

以后很多年，直到今天，只要听到这支熟悉的小步舞曲，我的灵魂就会出窍，我仿佛穿越时空，又回到上海小学的那间音乐教室前，拍着小手向前走着……

读中学写

我和大作家学写开头和结尾：

作者开篇由耳边传来的舞曲展开回忆，讲述完快乐的童年往事之后，再从回忆回到耳边的这支小步舞曲，抒发了对往事的怀念之情。这样的开头和结尾，既点明了中心，又相互照应，使文章结构更加完整。

我和大作家学想象：

作者在描写老师弹琴的情景时，巧妙运用了想象的手法，如想到老师的手像蝴蝶在键盘上飞舞，觉得老师是用整个身心唱着这支曲子，甚至觉得白杨树叶也在跟随老师唱着分外好听的歌……这些丰富的想象，表达了对老师的喜爱和赞扬之情。

我的 **好词好句** 积累卡

好词： 节奏　旋律　快乐无比　绿树成阴　宽敞明亮　身强力壮
好句： 老师的一双手像活泼的蝴蝶，在钢琴上白的和黑的键盘上飞舞，一
串串清如流水般的琴音就流淌出来。
每当老师弹起这首曲子时，我会觉得连教室旁边的那一片片沙沙的
白杨树叶，也唱得分外好听。

母亲和书

又出了一本新书。第一本要送的，当然是我的母亲。在这个世界上，最
关注我的，是她老人家。

母亲的职业是医生。年轻的时候，母亲是个美人，我们兄弟姐妹都没有
她年轻时独有的那种美质。儿时，我最喜欢看母亲少女时代的老照片，她穿
着旗袍，脸上含着文雅的微笑，比旧社会留下来的年历牌上那些美女漂亮得
多，就是三四十年代上海滩那几个最有名的电影明星，也没有母亲美。母亲
小时候上的是教会的学校，受过很严格的教育。她是一个受到病人称赞的好
医生。看到她为病人开处方时随手写出的那些
流利的拉丁文，我由衷地钦佩母亲。

在我童年的记忆里，母亲是个严肃的人，
她似乎很少对孩子们做出亲昵的举动。而父亲
则不一样，他整天微笑着，从来不发脾气，更

父亲的慈爱更加
衬托出母亲的严厉。

不要说动手打孩子。因为母亲不苟言笑，有时候也要发火训人，我们都有点
怕她。记得母亲打过我一次，那是在我七岁的时候。那天，我在楼下的邻居
家里顽皮，打碎了一张清代红木方桌的大理石桌面，邻居上楼来告状，母亲
生气了，当着邻居的面用巴掌在我的身上拍了几下，虽然声音很响，但一点
也不痛。我从小就自尊心强，母亲打我，而且当着外人的面，我觉得很丢面
子。尽管那几下打得不重，我却好几天不愿意和她说话，你可以说我骂我，

为什么要打人？

我后来发现，母亲其实和父亲一样爱我，只是她比父亲含蓄。上学后，我成了一个书迷，天天捧着一本书，吃饭看，上厕所也看，晚上睡觉，常常躺在床上看到半夜。对读书这件事，父亲从来不干涉，我读书时，他有时还会走过来摸摸我的头。而母亲却常常限制我，对我正在读的书，她总是要拿去翻一下，觉得没有问题，才还给我。如果看到我吃饭时读书，她一定会拿掉我面前的书。一天吃饭时，我老习惯难改，一边吃饭一边翻一本书。母亲放下碗筷，板着脸伸手抢过我的书，说："这样下去，以后不许你再看书了。"我问她为什么，她说："读书是一辈子的事情，你现在这样读法，会把自己的眼睛毁了，将来想读书也没法读。"她以一个医生的看法，对我读书的坏习惯作了分析，她说："如果你觉得眼睛坏了也无所谓，你就这样读下去吧，将来变成个瞎子，后悔来不及。"我觉得母亲是在小题大做，并不当一回事。

其实，母亲并不反对我读书，她真的是怕我读坏了眼睛。虽然嘴里唠叨，可她还是常常从单位里借书回来给我读。《水浒传》、《说岳全传》、《万花楼》、《隋唐演义》、《东周列国志》、《格林童话》、《钢铁是怎样炼成的》、《牛虻》等书，就是她最早借来给我读的。我过八岁生日时，母亲照惯例给我煮了两个鸡蛋，还买了一本书送给我，那是一本薄薄的小书《卓娅和舒拉的故事》。在五十年代，哪个孩子生日能得到母亲送的书呢？

中学毕业后，我经历了不少人生的坎坷，成了一个作家。在我从前的印象中，父亲最在乎我的创作。那时我刚刚开始发表作品，知道哪家报刊上有我的文章，父亲可以走遍全上海的邮局和书报摊买那一期报刊。我有新书出来，父亲总是会问我要。我在书店签名售书，父亲总要跑来看热闹，他把因儿子的成功而生出的喜悦和骄傲全都写在脸上。而母亲，却从来不在我面前议论文学，从来不夸耀我的成功。我甚至不知道母亲是否读我写的书。

> 母亲把对作者的爱，深深地埋藏在心底。

去年，上海文艺出版社出版了我的一套自选集，四厚本，一百数十万字，字印得很小。我想，这样的书，母亲不会去读，便没有想到送给她。一次我去看母亲，她告诉我，前几天，她去书店了。我问她去干什么，母亲笑着说："我想买一套《赵丽宏自选集》。"我一愣，问道："你买这书干什么？"母亲回答："读啊。"看我不相信的脸色，母亲又淡淡地说:"我读过你写的每一本书。"说着,她走到房间角落里,那里有一个被帘子遮着的暗道。母亲拉开帘子,里面是一个书橱。"你看,你写的书,一本也不少,都在这里。"我过去一看,不禁吃了一惊,书橱里,我这二十年中出版的几十本书都在那里,按出版的年份整整齐齐地排列着,一本也不少,有几本,还精心包着书皮。其中的好几本书,我自己也找不到了。我想,这大概是全世界收藏我的著作最完整的地方。

看着母亲的书橱,我感到眼睛发热,好久说不出一句话。她收集我的每一本书,却从不向人炫耀,只是自己一个人读。其实,把我的书读得最仔细的,是母亲。母亲,你了解自己的儿子,而儿子却不懂得你!我感到羞愧。母亲微笑着凝视我,目光里流露出无限的慈爱和关怀,世界上,还有什么比母爱更美丽更深沉呢?

(有删节)

读中学写

我和大作家学选:

本文选材很精当。母亲为了给告状的人面子才轻轻地打"我",制止"我"吃饭时看书的坏习惯,从单位借书回来给"我"读……作者从小处着眼,通过这些平淡的生活细节,把母亲对"我"的疼爱生动地表现了出来。

我和大作家学运用对比:

父亲整天微笑着,从不发脾气,而母亲却很严肃;父亲从不干涉作者读书的事情,而母亲却严格要求作者的读书习惯;父亲把因儿子的成功而生出的骄傲写在脸上,而母亲却从不夸耀作者的成功……这些鲜明的对比,突出了母亲慈爱而严肃的特点。

我的好词好句积累卡

好词: 由衷 亲昵 解脱 夸耀 尴尬 含蓄 不苟言笑 小题大做 问长问短 无话可说

好句: 又出了一本新书。第一本要送的,当然是我的母亲。在这个世界上,最关注我的,是她老人家。

其实,母亲并不反对我读书,她真的是怕我读坏了眼睛。虽然嘴里唠叨,可她还是常常从单位里借书回来给我读。

鲁 迅

名家简介

　　鲁迅（1881-1936），原名周树人，字豫才，浙江绍兴人。我国著名文学家、思想家、革命家。他是在发表中国现代文学史上第一篇白话小说《狂人日记》时，才开始使用"鲁迅"这个笔名的。其代表作有：小说集《彷徨》、《呐喊》；回忆性散文集《朝花夕拾》；散文诗集《野草》；杂文集《坟》、《华盖集》、《而已集》、《二心集》等。

课文再现

　　《少年闰土》（人教版六年级上册）一文通过"我"的回忆，生动刻画了一个见识丰富而又活泼可爱、聪明能干、机智勇敢的农村少年——闰土的形象，表现了"我"与闰土儿时短暂而又真挚的友谊，表达了"我"对闰土的怀念之情，以及对童年生活的追忆。

小作家多多有话说 <<<<

　　除了少年闰土之外，"长妈妈"也是鲁迅童年记忆中的一个重要人物，并且深受鲁迅的敬重和怀念。这种感情源自何处，鲁迅和长妈妈之间又有着哪些难忘的故事？请从下面的文章中去找你想要的答案——

课外链接

阿长与《山海经》

　　长妈妈，已经说过，是一个一向带领着我的女工，说得阔气一点，就是我的保姆。我的母亲和许多别的人都这样称呼她，似乎略带些客气的意思。只有祖母叫她阿长。我平时叫她"阿妈"，连"长"字也不带；但到憎恶她的时候，——例如知道了谋死我那隐鼠的却是她的时候，就叫她阿长。

　　我们那里没有姓长的；她生得胖而矮，"长"也不是形容词。又不是她的名字，记得她自己说过，她的名字是叫作什么姑娘的。什么姑娘，我现在已经忘却了，总之不是长姑娘；也终于不知道她姓什么。记得她也曾告诉

> 连属于自己的名字都没有，"长妈妈"的地位多么平凡！

过我这个名称的来历：先前的先前，我家有一个女工，身材生得很高大，这就是真阿长。后来她回去了，我那什么姑娘才来补她的缺，然而大家因为叫惯了，没有再改口，于是她从此也就成为长妈妈了。

　　虽然背地里说人长短不是好事情，但倘使要我说句真心话，我可只得说：我实在不大佩服她。最讨厌的是常喜欢切切察察，向人们低声絮说些什么事。还竖起第二个手指，在空中上下摇动，或者点着对手或自己的鼻尖。我的家里一有些小风波，不知怎的我总疑心和这"切切察察"有些关系。又不许我走动，拔一株草，翻一块石头，就说我顽皮，要告诉我的母亲去了。一到夏天，睡觉时她又伸开两脚两手，在床中间摆成一个"大"字，挤得我没有余地翻身，久睡在一角的席子上，又已经烤得那么热。推她呢，不动；叫她呢，也不闻。

　　"长妈妈生得那么胖，一定很怕热罢？晚上的睡相，怕不见得很好

罢？……"

母亲听到我多回诉苦之后，曾经这样地问过她。我也知道这意思是要她多给我一些空席。她不开口。但到夜里，我热得醒来的时候，却仍然看见满床摆着一个"大"字，一条臂膊还搁在我的颈子上。我想，这实在是无法可想了。

但是她懂得许多规矩；这些规矩，也大概是我所不耐烦的。一年中最高兴的时节，自然要数除夕了。辞岁之后，从长辈得到压岁钱，红纸包着，放在枕边，只要过一宵，便可以随意使用。睡在枕上，看着红包，想到明天买来的小鼓、刀枪、泥人、糖菩萨……然而她进来，又将一个福橘放在床头了。

"哥儿，你牢牢记住！"她极其郑重地说，"明天是正月初一，清早一睁开眼睛，第一句话就得对我说：'阿妈，恭喜恭喜！'记得么？你要记着，这是一年的运气的事情。不许说别的话！说过之后，还得吃一点福橘。"她又拿起那橘子来在我的眼前摇了两摇，"那么，一年到头，顺顺流流……"

梦里也记得元旦的，第二天醒得特别早，一醒，就要坐起来。她却立刻伸出臂膊，一把将我按住。我惊异地看她时，只见她惶急地看着我。

她又有所要求似的，摇着我的肩。我忽而记得了——

> 通过动作和神态描写，表现了长妈妈当时不安的心理。

"阿妈，恭喜……"

"恭喜恭喜！大家恭喜！真聪明！恭喜恭喜！"她于是十分欢喜似的，笑将起来，同时将一点冰冷的东西，塞在我的嘴里。我大吃一惊之后，也就忽而记得，这就是所谓的福橘，元旦辟头的磨难，总算已经受完，可以下床玩耍去了。

她教给我的道理还很多，例如说人死了，不该说死掉，必须说"老掉了"；死了人，生了孩子的屋子里，不应该走进去；饭粒落在地上，必须拣起来，最好是吃下去；晒裤子用的竹竿底下，是万不可钻过去的……。此外，现在大抵忘却了，只有元旦的古怪仪式记得最清楚。总之：都是些烦琐之至，至今想起来还觉得非常麻烦的事情。

然而我有一时也对她发生过空前的敬意。她常常对我讲"长毛"。她之所谓"长毛"者，不但洪秀全军，似乎连后来一切土匪强盗都在内，但除却革命党，因为那时还没有。她说得长毛非常可怕，他们的话就听不懂。她说先前长毛进城的时候，我家全都逃到海边去了，只留一个门房和年老的煮饭老妈子看家。后来长毛果然进门来了，那老妈子便叫他们"大王"，——据说对长毛就应该这样叫，——诉说自己的饥饿。长毛笑道："那么，这东西就给你吃了罢！"将一个圆圆的东西掷了过来，还带着一条小辫子，正是那门房的头。煮饭老妈子从此就骇破了胆，后来一提起，还是立刻面如土色，自己轻轻地拍着胸脯道："阿呀，骇死我了，骇死我了……"

我那时似乎倒并不怕，因为我觉得这些事和我是毫不相干的，我不是一个门房。但她大概也即觉到了，说道："像你似的小孩子，长毛也要掳的，掳去做小长毛。还有好看的姑娘，也要掳。"

"那么，你是不要紧的。"我以为她一定最安全了，既不做门房，又不是小孩子，也生得不好看，况且颈子上还有许多炙疮疤。

> 这句话把鲁迅儿时天真无邪的特点，表现得淋漓尽致。

"那里的话？！"她严肃地说，"我们就没有用处？我们也要被掳去。城外有兵来攻的时候，长毛就叫我们脱下裤子，一排一排地站在城墙上，外面的大炮就放不出来；再要放，就炸了！"

这实在是出于我意想之外的，不能不惊异。我一向只以为她满肚子是麻烦的礼节罢了，却不料她还有这样伟大的神力。从此对于她就有了特别的敬意，似乎实在深不可测；夜间的伸开手脚，占领全床，那当然是情有可原的了，倒应该我退让。

这种敬意，虽然也逐渐淡薄起来，但完全消失，大概是在知道她谋害了我的隐鼠之后。那时就极严重地诘问，而且当面叫她阿长。我想我又不真做小长毛，不去攻城，也不放炮，更不怕炮炸，我惧惮她什么呢！

但当我哀悼隐鼠、给它复仇的时候，一面又在渴慕着绘图的《山海经》了。这渴慕是从一个远房的叔祖惹起来的。他是一个胖胖的、和蔼的老人，爱种一点花木，如珠兰、茉莉之类，还有极其少见的，据说从北边带回去的马缨花。他的太太却正相反，什么也莫名其妙，曾将晒衣服的竹竿搁在珠兰的枝条上，枝折了，还要愤愤地咒骂道："死尸！"这老人是个寂寞者，因为无人可谈，就很爱和孩子们往来，有时简直称我们为"小友"。在我们聚族而居的宅子里，只有他书多，而且特别。制艺和试帖诗，自然也是有的；但我却只在他的书斋里，看见过陆玑的《毛诗草木鸟兽虫鱼疏》，还有许多名目很生的书籍。我那时最爱看的是《花镜》，上面有许多图。他说给我听，曾经有过一部绘图的《山海经》，画着人面的兽，九头的蛇，三脚的鸟，生着翅膀的人，没有头而以两乳当作眼睛的怪物，……可惜现在不知道放在那里了。

很愿意看看这样的图画，但不好意思力逼他去寻找，他是很疏懒的。问别人呢，谁也不肯真实地回答我。压岁钱还有几百文，买罢，又没有好机会。有书买的大街离我家远得很，我一年中只能在正月间去玩一趟，那时候，两家书店都紧紧地关着门。

玩的时候倒是没有什么的，但一坐下，我就记得绘图的《山海经》。

大概是太过于念念不忘了，连阿长也来问《山海经》是怎么一回事。这是我向来没有和她说过的，我知道她并非学者，说了也无益；但既然来问，也就都对她说了。

过了十多天，或者一个月罢，我还记得，是她告假回家以后的四五天，她穿着新的蓝布衫回来了，一见面，就将一包书递给我，高兴地说道："哥儿，有画儿的'三哼经'，我给你买来了！"

<u>我似乎遇着了一个霹雳，全体都震悚起来；赶紧去接过来，打开纸包，是四本小小的书，略略一翻，人面的兽，九头的蛇，……果然都在内。</u>

> 作者当时惊喜、感动的情形跃然纸上。

又使我发生新的敬意了，别人不肯做，或不能做的事，她却能够做成功。她确有伟大的神力。谋害隐鼠的怨恨，从此完全消灭了。

这四本书，乃是我最初得到的最为心爱的宝书。

书的模样，到现在还在眼前。可是从还在眼前的模样来说，却是一部刻印都十分粗拙的本子。纸张很黄；图象也很坏，甚至于几乎全用直线凑合，连动物的眼睛也都是长方形的。但那是我最为心爱的宝书，看起来，确是人面的兽；九头的蛇；一脚的牛；袋子似的帝江；没有头而"以乳为目，以脐为口"，还要"执干戚而舞"的刑天。

此后我就更加搜集绘图的书，于是有了石印的《尔雅音图》和《毛诗品物图考》，又有了《点石斋丛画》和《诗画舫》。《山海经》也另买了一部石印的，每卷都有图赞，绿色的画，字是红的，比那木刻的精致得多了。这一部直到前年还在，是缩印的郝懿行疏。木刻的却已经记不清是什么时候失掉了。

我的保姆，长妈妈即阿长，辞了这人世，大概也有了三十年了罢。我终于不知道她的姓名，她的经历；仅知道有一个过继的儿子，她大约是青年守寡的孤孀。

仁厚黑暗的地母呵，愿在你怀里永安她的魂灵！

读中学写

我和大作家学欲扬先抑的手法：

"长妈妈"是鲁迅小时候的保姆，对鲁迅疼爱有加，鲁迅写这篇文章的目的，就是为了表达对她的尊敬和怀念。但前文却用几件事情表现她的可恶和愚昧，这叫做欲扬先抑的表现手法，如此令人"厌恶"的人，却做了别人都做不到的事情，这更突出了"长妈妈"淳朴、善良的品格。

我和大作家学心理描写：

作者对"长妈妈"的态度贯穿全文，这种态度主要是通过心理描写表现出来的。尤其是长妈妈为作者买回了渴慕已久的《山海经》时，"我似乎遇着了一个霹雳，全体都震悚起来"，用比喻、夸张的手法形象地写出了作者意外、感动的心理。

我的好词好句积累卡

好词： 耐烦　惶急　诘问　阔气　无法可想　面如土色　毫不相干　深不可测　情有可原　莫名其妙

好句： 又使我发生新的敬意了，别人不肯做，或不能做的事，她却能够做成功。她确有伟大的神力。谋害隐鼠的怨恨，从此完全消灭了。
仁厚黑暗的地母呵，愿在你怀里永安她的魂灵！

风　筝

北京的冬季，地上还有积雪，灰黑色的秃树枝丫叉于晴朗的天空中，而远处有一二风筝浮动，在我是一种惊异和悲哀。

故乡的风筝时节，是春二月，倘听到沙沙的风轮声，仰头便能看见一个淡墨色的蟹风筝或嫩蓝色的蜈蚣风筝。还有寂寞的瓦片风筝，没有风轮，又放得很低，伶仃地显出憔悴可怜模样。但此时地上的杨柳已经发芽，早的山桃也多吐蕾，和孩子们的天上的点缀相照应，打成一片春日的温和。我现在在那里呢？四面都还是严冬的肃杀，而久经诀别的故乡的久经逝去的春天，却就在这天空中荡漾了。

但我是向来不爱放风筝的，不但不爱，并且嫌恶他，因为我以为这是没出息孩子所做的玩艺。和我相反的是我的小兄弟，他那时大概十岁内外罢，多病，瘦得不堪，然而最喜欢风筝。自己买不起，我又不许放，他只得张着小嘴，呆看着空中出神，有时至于小半日。远处的蟹风筝突然落下来了，他惊呼；两个瓦片风筝的缠绕解开了，他高兴得跳跃。他的这些，在我看来都是笑柄，可鄙的。

有一天，我忽然想起，似乎多日不很看见他了，但记得曾见他在后园拾枯竹。我恍然大悟似的，便跑向少有人去的一间堆积杂物的小屋去，推开门，果然就在尘封的什物堆中发现了他。他向着大方凳，坐在小凳上；便很惊惶地站了起来，失了色瑟缩着。大方凳旁靠着一个胡蝶风筝的竹骨，还没有糊上纸，凳上是一对做眼睛用的小风轮，正用红纸条装饰着，将要完工了。我在破获秘密的满足中，又很愤怒他的瞒了我的眼睛，这样苦心孤诣地来偷做没出息孩子的玩艺。我即刻伸手折断了胡蝶的一支翅骨，又将风轮掷在地下，踏扁了。论长幼，论力气，他是都敌不过我的，我当然得到完全的胜利，于是傲然走出，留他绝望地站在 小屋里。后来他怎样，我不知道，也没有留心。

　　然而我的惩罚终于轮到了，在我们离别得很久之后，我已经是中年。我不幸偶而看了一本外国的讲论儿童的书，才知道游戏是儿童最正当的行为，玩具是儿童的天使。于是二十年来毫不忆及的幼小时候对于精神的虐杀的这一幕，忽地在眼前展开，而我的心也仿佛同时变了铅块，很重很重的堕下去了。

　　但心又不竟堕下去而至于断绝，他只是很重很重地堕着，堕着。

　　我也知道补过的方法的：送他风筝，赞成他放，劝他放，我和他一同放。我们嚷着，跑着，笑着。——然而他其时已经和我一样，早已有了胡子了。

　　我也知道还有一个补过的方法的：去讨他的宽恕，等他说，"我可是毫不怪你呵。"那么，我的心一定就轻松了，这确是一个可行的方法。有一回，我们会面的时候，是脸上都已添刻了许多"生"的辛苦的条纹，而我的心很沉重。我们渐渐谈起儿时的旧事来，我便叙述到这一节，自说少年时代的胡涂。"我可是毫不怪你呵。"我想，他要说了，我即刻便受了宽恕，我的心从此也宽松了罢。

　　"有过这样的事么？"他惊异地笑着说，就像旁听着别人的故事一样。他什么也不记得了。全然忘却，毫无怨恨，又有什么宽恕之可言呢？无怨的恕，说谎罢了。我还能希求什么呢？我的心只得沉重着。

　　现在，故乡的春天又在这异地的空中了，既给我久经逝去的儿时的回忆，而一并也带着无可把握的悲哀。我倒不如躲到肃杀的严冬中去罢，——但是，四面又明明是严冬，正给我非常的寒威和冷气。

读中学写

我和大作家学写开头：

　　在这篇短文中，作者由眼前孩子们放风筝的情景，自然引出对往事的回忆，既显得非常自然，又说明风筝给作者留下的记忆非常深刻。

我和大作家学神态描写：

　　文中的神态描写非常生动，如"他只得张着小嘴，呆看着空中出神"一句，反映出弟弟对风筝的痴迷；"失了色瑟缩着"一句刻画出了弟弟的恐惧。

我的好词好句积累卡

好词：惊异　憔悴　点缀　荡漾　傲然　虐杀　宽恕　恍然大悟　苦心孤诣

好句：远处的蟹风筝突然落下来了，他惊呼；两个瓦片风筝的缠绕解开了，他高兴得跳跃。

郭沫若

名家简介

郭沫若（1892－1978），原名郭开贞，笔名沫若、麦克昂等。中国现代著名的无产阶级文学家、诗人、学者、剧作家、考古学家、古文字学家、历史学家，是我国新诗的奠基人，是继鲁迅之后革命文化界公认的领袖。文学著作有诗集《女神》、《星空》、《东风集》等；历史剧本《屈原》、《虎符》、《棠棣之花》、《王昭君》等。

课文再现

《天上的街市》（人教版六年级上册）是一首现代诗，诗人借助我国古代有关牛郎织女的传说故事，展开丰富、奇特的想象，生动描绘了美丽的天街景象，表现了牛郎和织女自由幸福的生活情景，表达了诗人摆脱封建束缚、追求理想、向往自由幸福生活的美好愿望。

小作家多多有话说

通过读《天上的街市》这首诗，我们感受了郭沫若丰富的想象力，让我们把思绪由想象拉回到现实，通过下面两篇短文的阅读，体会作者细腻的情感。

课外 链接

白 鹭

白鹭是一首精巧的诗。

色素的配合，身段的大小，一切都很适宜。

白鹤太大而嫌生硬，即如粉红的朱鹭或灰色的苍鹭，也觉得大了一些，而且太不寻常了。

然而白鹭却因为它的常见，而被人忘却了它的美。

那雪白的蓑毛，那全身的流线型结构，那铁色的长喙，那青色的脚，增之一分则嫌长，减之一分则嫌短，素之一忽则嫌白，黛之一忽则嫌黑。

在清水田里时有一只两只站着钓鱼，整个的田便成了一幅嵌在琉璃框里的画面。田的大小好像是有心人为白鹭设计出的镜匣。

奇特、大胆的比喻，使白鹭高贵、优雅的情态跃然纸上。

晴天的清晨每每看见它孤独地站立在小树的绝顶，看来像是不安稳，而它却很悠然。这是别的鸟很难表现的一种嗜好。人们说它是在望哨，可它真是在望哨吗？

黄昏的空中偶见白鹭的低飞，更是乡居生活中的一种恩惠。那是清澄的形象化，而且具有了生命了。

或许有人会感着美中不足，白鹭不会唱歌。但是白鹭的本身不就是一首很优美的歌吗？——不，歌未免太铿锵了。

白鹭实在是一首诗，一首韵在骨子里的散文的诗。

读中学写

我和大作家学构思：

本文以"白鹭是一首精巧的诗"一句开篇，又以"白鹭实在是一首诗，一首韵在骨子里的散文的诗"一句结尾，既生动表现了白鹭优雅的情状，又首尾照应，使文章的结构更加完整。

我和大作家学夸张手法：

如"增之一分则嫌长，减之一分则嫌短，素之一忽则嫌白，黛之一忽则嫌黑"一句，把作者对白鹭的喜爱和赞美之情表现得淋漓尽致，夸张手法的运用，给文章增添了情趣。

我的好词好句积累卡

好词：精巧　适宜　嗜好　恩惠　悠然　美中不足

好句：那雪白的蓑毛，那全身的流线型结构，那铁色的长喙，那青色的脚，增之一分则嫌长，减之一分则嫌短，素之一忽则嫌白，黛之一忽则嫌黑。

芭蕉花

在我们四川的乡下，相传这芭蕉花是治晕病的良药。母亲发了病时，我们便要四处托人去购买芭蕉花。但这芭蕉花是不容易购买的。因为芭蕉在我们四川很不容易开花，开了花时乡里人都视为祥瑞，不肯轻易摘卖。好容易买得了一朵芭蕉花了，在我们小的时候，要管两只肥鸡的价钱呢。

芭蕉花买来了，但是花瓣是没有用的，可用的只是瓣里的蕉子。蕉子在已经形成了果实的时候也是没有用的，中用的只是蕉子几乎还是雌蕊的阶段。一朵花上实在是采不出许多的这样的蕉子来。

这样的蕉子是一点也不好吃的，我们吃过香蕉的人，如以为吃那蕉子怕会和吃香蕉一样，那是大错而特错了。有一回母亲吃蕉子的时候，在床边上挟过一箸给我，简直是涩得不能入口。

<u>芭蕉花的故事便是和我母亲的晕病关连着的。</u>

> 这个句子把文章内容由母亲的病自然过渡到芭蕉花的故事上来。

我们的祖宗原是福建的人，在汀州府的宁化县，听说还有我们的同族住在那里。我们的祖宗正是在清初时分入了四川的，卜居在峨眉山下一个小小的村里。我们福建人的会馆是天后宫，供的是一位女神，叫做"天后圣母"。这天后宫在我们村里也有一座。

那是我五六岁时候的事了。我们的母亲又发了晕病。我同我的二哥，他比我要大四岁，同到天后宫去。那天后宫离我们家里不过半里路光景，里面有一座散馆，是福建人子弟读书的地方。我们去的时候散馆已经放了假，大概是中秋前后了。我们隔着窗看见散馆园内的一簇芭蕉，其中有一株刚好开着一朵大黄花，就像尖瓣的莲花一样。我们是欢喜极了。那时候我们家里正在找芭蕉花，但在四处都找不出。我们商量着便翻过窗去摘取那朵芭蕉花。窗子也不过三四尺高的光景，但我那时还不能翻过，是我二哥擎我过去的。我们两人好容易把花苞摘了下来，二哥怕人看见，把花苞藏在衣袂下同路回去。回到家里了，二哥叫我把花苞拿去献给母亲。我捧着跑到母亲的床前，母亲问我是从甚么地方拿来的，我便直说是在天后宫掏来的。我母亲听了便大大地生气，她立地叫我们跪在床前，只是连连叹气地说："啊，娘生下了你们这样不争气的孩子，为娘的倒不如病死的好了！"我们都哭了，但我也不知为甚么事情要哭。不一会父

> 原来是第一次挨巴掌，难怪印象如此深刻。

亲晓得了，他又把我们拉去跪在大堂上的祖宗面前打了我们一阵。我挨掌心是这一回才开始的，我至今也还记得。

我们一面挨打，一面伤心。但我不知道为甚么该讨我父亲、母亲的气。母亲病了要吃芭蕉花。在别处园子里掏了一朵回来，为甚么就犯了这样大的过错呢？

芭蕉花没有用，抱去奉还了天后圣母，大约是在圣母的神座前干掉了吧？

这样的一段故事，我现在一想到母亲，无端地便涌上了心来。我现在离家已十二三年，值此新秋，又是风雨飘摇的深夜，天涯羁客不胜落寞的情怀，思念着母亲，我一阵阵鼻酸眼胀。

啊，母亲，我慈爱的母亲哟！你儿子已经到了中年，在海外已自娶妻生子了。幼年时摘取芭蕉花的故事，为甚么使我父亲、母亲那样的伤心，我现在是早已知道了。但是，我正因为知道了，竟失掉了我摘取芭蕉花的自信和勇气。这难道是进步吗？

读中学写

我和大作家学动作描写：

传神的动作描写是本文的一个突出特点，如"擎"、"摘"、"藏"三个动词表现了兄弟二人采摘芭蕉花时付出的努力；"捧"、"跑"表现了作者对母亲的关爱和尊重。这些动作描写也交代了作者挨打之后感到委屈的原因。

我和大作家学写好结尾：

作者以一个反问句结尾，给读者留下了深深的思索。到底是父母错怪了作者，还是作者没有完全理解父母的心情？父母的巴掌真的会让作者失掉了摘取芭蕉花的自信和勇气吗？这句话难道还有什么更深层次的含义？

我的 *好词 好句* 积累 **卡**

好词： 中用　光景　无端　天涯羁客　连连叹气　大错而特错

好句： 我们隔着窗看见散馆园内的一簇芭蕉，其中有一株刚好开着一朵大黄花，就像尖瓣的莲花一样。

朱自清

名家简介

朱自清（1898-1948），原名朱自华，字佩弦，号秋实，笔名余捷、柏香、白水、知白等。江苏扬州人。中国现代著名散文家、语文教育家、文学家、诗人、学者、民主战士。他的散文语言洗练，文笔清丽，充满真情实感。代表作有《荷塘月色》、《背影》、《桨声灯影里的秦淮河》等。

课文再现

《匆匆》（人教版六年级下册）是一篇脍炙人口的散文。作者通过一组日常画面，生动地表现了时光"匆匆"流逝的特点，表达了作者对时光流逝的无奈和惋惜。文章也启发我们要珍惜宝贵的时光。

小作家多多有话说 <<<<

语言生动、意境优美是朱自清散文的突出特点，这一点我们已经通过对《匆匆》一课的学习有所了解，让我们一起欣赏《绿》和《冬天》两篇文章，在深情、优美的文字中，感受作者对自然、对生活的热爱。

课外链接

绿

我第二次到仙岩的时候，我惊诧于梅雨潭的绿了。

开门见山、点明主旨，定下了全文的感情基调，并与文末相互照应。

梅雨潭是一个瀑布潭。仙岩有三个瀑布，梅雨瀑最低。走到山边，便听见哗哗哗哗的声音；抬起头，镶在两条湿湿的黑边儿里的，一带白而发亮的水便呈现于眼前了。我们先到梅雨亭。梅雨亭正对着那条瀑布；坐在亭边，不必仰头，便可见它的全体了。亭下深深的便是梅雨潭。这个亭踞在突出的一角的岩石上，上下都空空儿的；仿佛一只苍鹰展着翼翅浮在天宇中一般。三面都是山，像半个环儿拥着；人如在井底了。这是一个秋季的薄阴的天气。微微的云在我们顶上流着；岩面与草丛都从润湿中透出几分油油的绿意。而瀑布也似乎分外的响了。那瀑布从上面冲下，仿佛已被扯成大小的几绺；不复是一幅整齐而平滑的布。岩上有许多棱角；瀑流经过时，作急剧的撞击，便飞花碎玉般乱溅着了。那溅着的水花，晶莹而多芒；远望去，像一朵朵小小的白梅，微雨似的纷纷落着。据说，这就是梅雨潭之所以得名。但我觉得像杨花，格外确切些。轻风起来时，点点随风飘散，那更是杨花了。这时偶然有几点送入我们温暖的怀里，便倏的钻了进去，再也寻它不着。

梅雨潭闪闪的绿色招引着我们；我们开始追捉她那离合的神光了。揪着草，攀着乱石，小心探身下去，又鞠躬过了一个石穹门，便到了汪汪一碧的潭边了。瀑布在襟袖之间；但我的心中已没有瀑布了。我的心随潭水的绿而摇荡。那醉人的绿呀，仿佛一张极大极大的荷叶铺着，满是奇异的绿呀。我想张开两臂抱住她；但这是怎样一个妄想呀。——站在水边，望到那面，居然觉着有些远呢！这平铺着，厚积着的绿，着实可爱。她松松的皱缬着，像少妇拖着的裙幅；她轻轻的摆弄着，像跳动的初恋的处女的心；她滑滑的明亮着，像涂了"明油"一般，有鸡蛋清那样软，那样嫩，令人想着所曾触过的最嫩的皮肤；她又不杂些儿渣滓，宛然一块温润的碧玉，只清清的一色但你却看不透她！我曾见过北京什刹海指地的绿杨，脱不了鹅黄的底子，似乎太淡了。我又曾见过杭州虎跑寺旁高峻而深密的"绿壁"，重叠着无穷的碧草与绿叶的，那又似乎太浓了。其余呢，西湖的波太明了，秦淮河的又太暗了。可爱的，我将什么来比拟你呢？我怎么比拟得出呢？大约潭是很深的，故能蕴蓄着这样奇异的绿；仿佛蔚蓝的天融了一块在里面似的，这才这般的鲜润呀。那醉人的绿呀！我若能裁你以为带，我将赠给那轻盈的舞女；她必能临风飘举了。我若能挹你以为眼，我将赠给那善歌的盲妹；她必明眸善睐了。我舍不得你；我怎舍得你呢？我用手拍着你，抚摩着你，如同一个十二三岁的小姑娘。我又掬你入口，便是吻着她了。我送你一个名字，我从此叫你"女儿绿"，好么？

我第二次到仙岩的时候，我不禁惊诧于梅雨潭的绿了。

我和大作家学比喻：

比喻手法在本文运用极为普遍。如把亭子比喻成"苍鹰"，形象地写出了亭子踞在岩角的情形；把水花比喻成"白梅"，突出了水花晶莹、洁白的特点……这些生动的比喻既形象写出了事物的突出特点，也流露出作者对美景的喜爱之情。

我和大作家学对比：

对比是本文用到的又一种修辞手法。如作者在最后把梅雨潭的绿分别与北京什刹海指地的绿杨、杭州虎跑寺旁的"绿壁"、西湖和秦淮河的水进行对比，突出了梅雨潭温润的特点，给读者留下鲜明的印象。

我的 好词好句 积累卡

好词：惊诧　鲜润　宛然　奇异　飞花碎玉　明眸善睐

好句：那溅着的水花，晶莹而多芒；远望去，像一朵朵小小的白梅，微雨似的纷纷落着。

那醉人的绿呀！我若能裁你以为带，我将赠给那轻盈的舞女；她必能临风飘举了。我若能挹你以为眼，我将赠给那善歌的盲妹；她必明眸善睐了。

冬天

　　说起冬天，忽然想到豆腐。是"小洋锅"（铝锅）白煮豆腐，热腾腾的。水滚着，像好些鱼眼睛。一小块一小块豆腐养在里面，嫩而滑，仿佛反穿的白狐大衣。锅在"洋炉子"（煤油不打气炉）上，和炉子都熏得乌黑乌黑，越显出豆腐的白。这是晚上，屋子老了，虽点着"洋灯"，也还是阴暗。围着桌子坐的是父亲跟我们哥儿三个。"洋炉子"太高了，父亲得常常站起来，微微地仰着脸，觑着眼睛，从氤氲的热气里伸进筷子，夹起豆腐，一一地放在我们的酱油碟里。我们有时也自己动手，但炉子实在太高了，总还是坐享其成的多。这并不是吃饭，只是玩儿。父亲说晚上冷，吃了暖和些。我们都喜欢这种白水豆腐；一上桌就眼巴巴望着那锅，等着那热气，等着热气里从父亲筷子上掉下来的豆腐。

"眼巴巴"一词生动写出了作者兄弟三人急切的心情。

　　又是冬天，记得是阴历十一月十六晚上。跟S君P君在西湖里坐小划子，S君刚到杭州教书，事先来信说："我们要游西湖，不管它是冬天。"那晚月色真好；现在想起来还像照在身上。本来前一晚是"月当头"；也许十一月的月亮真有些特别吧。那时九点多了，湖上似乎只有我们一只划子。有点风，月光照着软软的水波；当间那一溜儿反光，像新研的银子。湖上的山只剩了淡淡的影子。山下偶尔有一两星灯光。S君口占两句诗道："数星灯火认渔村，淡墨轻描远黛痕。"我们都不大说话，只有均匀的桨声。我渐渐地快睡了。P君"喂"了一下，才抬起眼皮，看见他在微笑。船夫问要不要上静慈寺；是阿弥陀佛生日，那边热闹的。到了寺里，殿上灯烛辉煌，满是佛婆念佛的声音，好像醒了一场梦。这已是十多年前的事了，S君还常常通信，P君听说转变了好几次，前年是在一个特税局里收特税了，以后便没有消息。

在台州过了一个冬天，一家四口子。台州是个山城，可以说在一个大谷里。只有一条二里长的大街。别的路上白天简直不大见人；晚上一片漆黑。偶尔人家窗户里透出一点灯光，还有走路的拿着火把；但那是少极了。我们住在山脚下。有的是山上松林里的风声，跟天上一只两只的鸟影。夏末到那里，春初便走，却好像老在过着冬天似的；可是即便真冬天也并不冷。我们住在楼上，书房临着大路；路上有人说话，可以清清楚楚地听见。但因为走路的人太少了，间或有点说话的声音，听起来还只当远风送来的，想不到就在窗外。我们是外路人，除上学校去之外，常只在家里坐着。妻也惯了那寂寞，只和我们爷儿们守着。外边虽老是冬天，家里却老是春天。有一回我上街去，回来的时候，楼下厨房的大方窗开着，并排地挨着他们母子三个；三张脸都带着天真微笑的向着我。似乎台州空空的，只有我们四人；天地空空的，也只有

> 天真的微笑温暖了作者的心灵，也温暖了这个寒冷的冬夜。

我们四人。那时是民国十年，妻刚从家里出来，满自在。现在她死了快四年了，我却还老记着她那微笑的影子。

无论怎么冷，大风大雪，想到那些，我心上总是温暖的。

读中学写

我和大作家学构思：

本文选取了儿时、青年和中年三个阶段的事情，儿时重点表现父亲对自己的关爱，青年时期重点表现友情，中年则写一家四口子在一起享受温情。在这些事情中，"暖"有着双重含义，既指火炉和灯光的温暖，又指人情的温暖。从选材到立意，无不显示着作者巧妙的构思。

我和大作家学动作描写：

如作者回忆儿时兄弟三人和父亲一起吃豆腐的情景，"站"、"仰"、"觑"、"伸"、"夹"、"放"等一连串动作，生动再现了父亲为孩子们煮豆腐的情景，表现了父亲对孩子们的关爱之情。

我的 好词 好句 积累卡

好词：阴暗　氤氲　热腾腾　眼巴巴　坐享其成　灯烛辉煌

好句："洋炉子"太高了，父亲得常常站起来，微微地仰着脸，觑着眼睛，从氤氲的热气里伸进筷子，夹起豆腐，一一地放在我们的酱油碟里。

王愿坚

名家简介

　　王愿坚（1929-1991），山东省诸城县人，当代作家。1944年7月到抗日根据地，参加革命工作。在部队里当过宣传员、文工团员、报社编辑和记者。1952年任《解放军文艺》编辑。代表作有《灯光》、《党费》、《粮食的故事》、《七根火柴》、《三人行》、《支队政委》、《闪闪的红星》等。

课文再现

　　《灯光》（人教版六年级下册）是一篇回忆性文章，讲的是作者漫步在天安门广场，由广场的千万盏明灯，回忆起解放战争中关于灯光的往事。表现了革命先烈为了后代的幸福欢乐，不惜牺牲自己的崇高精神。

小作家多多有话说 <<<<

　　王愿坚是我国著名的军旅作家，他的作品曾经激励着新中国几代人前进的脚步。让我们跟随作者的视线，重温那段艰苦的岁月，并接受崇高革命精神的洗礼。

语文课本中的名家名作

课外 链接

草

　　二班长杨光从昏迷中醒过来的时候，天已经放亮了。他欠起身子，四下里打量着，回想着，好半天才弄明白：自己是躺在湿漉漉的草地里。

　　昨天，也就是过草地的第四天，快要宿营的时候，连长把他叫了去，要他们班到右前方一个小高地上，担任警戒。他们赶到了指定地点，看好哨位，搭好帐篷，已经黑上来了。就是他，动手去解决吃饭的问题。他提着把刺刀，围着山丘转了半天，才找到了一小把水芹菜和牛耳大黄。正发愁呢，忽然看到小溪边上有一丛野菜，颜色青翠，叶子肥嫩，他兴冲冲地砍了一捆拿回来，倒进那半截"美孚"油桶里，煮了满满一锅。

　　谁知道，问题就发生在这些野菜上：换第三班岗的时间还不到，哨兵就捂着肚子回来，把他叫醒了。他起来一看，班里同志们有的口吐白沫，有的肚子痛得满地打滚，有的舌头都僵了。倒是他和党小组长因为吃得不多，症状还轻些，于是两人分工，一个留下警戒和照顾同志们，一个向上级报告。就这样，他摸黑冲进了烂草地；开始是跑，然后是走，最后体力实在支持不住了，就在地上爬。爬着，爬着，不知什么时候昏过去了。

就算爬也要爬到目的地，多么顽强的精神啊！

　　当一切都回想起来了以后，他的心像火燎一样焦灼了。他用步枪支撑着，挣扎着站起来，跟跟跄跄地走上了一个山包。

　　这时，太阳冒红了，浓烟似的雾气正在消散。他观察着，计算着，判断着方位。看来，离开班哨位置已经是十里开外了，可是看不到连、营部队宿营地的影子。显然是夜里慌乱中迷失了方向。不行，得赶快找部队去，救同志们的生命要紧啊！

他正要举步，忽然薄雾里传来了人声。人声渐渐近了，人影也显现出来，是一支小队伍。走在前面的是几个徒手的军人，后面是一副担架。

他急忙迎上几步，看得更清楚了：前面一个人的挎包上还有一个红色的十字。

"好，同志们有救了！"他狂喜地喊道。跑是没有力气了。他索性把枪往怀里一抱，就地横倒身躯，沿着山坡滚下山去。

就在他滚到山包下停住的时候，正好赶到了那支小队伍的前头。

人群和担架都停下了。背红十字挎包的人飞步跑来，弯腰扶起他，关切地问道："你怎么啦？"

杨光定了定神，把事情讲了讲。未了，他紧紧抓住了那人的挎包，恳求地说："医生同志，快去吧！晚了，人就没救啦！"

医生看看背后的担架，又看看杨光，为难地摇摇头："同志，我们还有紧急任务！"

"什么任务能比救人还要紧？"

医生指着担架："我们也是要救人哪！"

杨光这才看清楚，担架上躺着一个人。一床灰色的旧棉毯严严地盖在上面。

"那边的同志很危险！"杨光叫起来。他<u>伸开手拦住了路口，大声地："你不去，我就不放你走！"话一下子僵住了。</u>

> 坚决的态度反映了杨光为战友的安危焦急的心理。

担架响了一声，毯子动了一下。

医生有点愠怒地看了杨光一眼："你这个同志，有话不会小点声说？你知道吗？这是……"他压低了声音，说出了那个全军都敬爱的人的名字，然后解释地说道："他病得很厉害哪；昨天开了一夜的会，刚才又发起高烧，人都昏迷了。""什么，周副主席？"杨光立时惊住了。对于这位敬爱的首长，杨光不但知道，还曾亲眼看见过。在遵义战役之前，这位首长曾经亲自到他们团作过战斗动员。在部队开上去围攻会理的时候，连队在路边休息，他也曾亲眼看见周副主席和毛主席、朱总司令一道，跟战士们亲切交谈。可是，现在竟然病倒在草地上。而他，却在首长赶去卫生部救治的路上，拦住了他的担架……他惶惑地望着担架，一时竟不知如何是好了。

就在这时毯子被掀开了，周副主席缓慢地欠起了身，朝着杨光招了招手。

杨光不安地走过去。他深情地注视着那张熟悉的脸，却不由得大吃一惊：由于疾病的折磨，这位敬爱的首长面容变化多大呀！他觉得心头像刀在绞，眼睛一阵酸涩，竟然连敬礼也忘了。

周副主席显然刚从昏迷中醒来。他费了好大劲，才把身躯往担架边上移开了些，然后，拉住杨光的衣角，把他拽到担架空出的半边坐下来。

在重病之中，还对战士的情况如此关心，对这样的首长，战士们又怎能不敬爱呢？

靠着警卫员的扶持，周副主席在担架上半坐起来。他慢慢抚摸着杨光那湿漉漉的衣服，又摸摸杨光的额头，亲切地说道："这么说，你们是吃了有毒的野菜？"

"是。"杨光点了点头。

"那种野菜是什么样子呢？"

"这就是。"杨光从怀里掏出一棵野菜。为了便于医生救治，他临走时带上了它。

周副主席接过野菜，仔细端详着。野菜有些蔫巴了，但样子还可以看得出来：有点像野蒜苗，一层暗红色的薄皮包着白色的根，上面挑着四片互生的叶子。看着，不知是由于疲累还是怎的，他倚在警卫员的肩头，仰起了头，眼里浮上了异常的严肃的神情。

杨光担心地看着周副主席，他弄不明白：首长为什么对这棵野菜这么关心。他刚想劝首长休息，周副主席又问了："这野菜，多半是长在什么地方呢？"

杨光想了想："在背阴靠水的地方。"

"味道呢？还记得吗？"杨光摇了摇头。因为是煮熟了吃的，没有尝过。

周副主席又举起那棵野菜看了看，慢慢地把它放进嘴里。医生惊呼着扑过来，野菜已经被咬下了一点。

周副主席那干裂的嘴唇闭住了，浓密的胡须不停地抖动着，一双浓眉渐渐皱紧了。嚼了一阵，吐掉了残渣，把那棵野菜还给杨光，嘱咐道："你记着，刚进嘴的时候，有点涩，越嚼越苦。"

杨光又点了点头。周副主席把声音提高了些，用命令的语气讲话了。他的命令是非常明确的：要医生马上按杨光指出的方向，去救治中了毒的战士们。他又要担架抬上杨光，用最快的速度赶到总部去报告。他的命令又是十分具体的：要求总部根据杨光他们的经验，马上给部队下发一个切勿食用有毒野菜的通报。在通报上，要画上有毒野菜的图形，加上详细的说明，而且，最好是附上标本。

一个年轻的卫生员，还在听到谈论有毒野菜的时候，就在路旁打开了挎包，把满满一挎包沿路采来的野菜倒出来，一棵棵翻拣、检查着。这会儿，听到了首长下达的命令，惊慌地叫起来："那……你呢？"

"你们扶我走一会儿嘛！"周副主席微笑着伸出了一个指头，又摊开了手掌，"看，是一个多呢还是五个、或者上万个多呢？"

> 神态、动作和语言描写，表现了周副主席和蔼可亲的特点。

谁也想不出更好的做法了，而争辩是没有用的。一时，全部默默不作声了。只有晨风吹过荒漠的草地，撕掠着青草，发出飒飒的声响。

卫生员抽噎了两声，突然抓起一把野菜，光火地说："都是敌人的围追堵截，逼着我们走草地，逼得我们吃草！"

"吃草。嗯，说得好啊！"周副主席严肃地点了点头，"革命斗争，需要我们吃草，我们就去吃它。而且，我们还要好好总结经验，把草吃得好一些！"

"应该感谢他们，感谢这些同志用生命和健康为全军换来了经验。也要记住这些草！"稍稍喘息了一下，他又说下去，不过，话却温和多了，语气里透着深深的感情："等你们长大了，就会想起这些草，懂得这些草；就会看到：我们正是因为吃草吃得强大了，吃得胜利了。"

这些话，从那瘦弱的身躯里，从那干裂的嘴唇里发出来，又慢，又轻。可是，它却像沉雷一样隆隆地滚过草地，滚过红军战士的胸膛。

杨光激动地听着。就在这一霎，他看到了伟大战士的那颗伟大的心。顿时，他觉得自己变得强大了，有力了，这力量足足能一气走出草地。他向着敬爱的周副主席深情地举手敬礼，然后，那紧握着野菜的手猛地一挥，转身向总部所在的方向跑去。

医生向卫生员嘱咐了句什么，也紧抓着那个红十字挎包，向另一个方向跑去。

周副主席望着两个人渐渐远去的背影，耳边传来警卫员的话音。话是对着小卫生员说的："……看你说的，为革命嘛，我们吃的是草，流的是血，可我们比那些花天酒地的敌人高尚得多，也强大得多呀……"

> 见到战士们有着如此坚定的信仰，周副主席心里是多么欣慰啊！

周副主席那浓浓的胡须绽开来，宽慰地笑了。他笑得那么爽朗，那么开心。自从患病以来，他还是头一次笑得这么痛快。

读中学写

我和大作家学语言描写：

本文主要是通过语言描写来塑造周副主席这个人物形象的。如"看，是一个多呢还是五个、或者上万个多呢"一句，表现了他对战士们的关心；"革命斗争，需要我们吃草，我们就去吃它。而且……"一句，表现了他决心献身革命的崇高精神境界。

我和大作家学动作描写：

本文在刻画人物形象的时候，还多处运用了动作描写。如写周副主席尝毒野菜的情形，"那干裂的嘴唇闭住了，浓密的胡须不停地抖动着，一双浓眉渐渐皱紧了"一句，通过动作描写把周副主席专注的情态和沉重的心理生动地表现了出来。

我的好词好句积累卡

好词： 打量　焦灼　索性　嘱咐　愠怒　惶惑　跟跟跄跄　围追堵截　花天酒地

好句： 革命斗争，需要我们吃草，我们就去吃它。而且，我们还要好好总结经验，把草吃得好一些！

等你们长大了，就会想起这些草，懂得这些草；就会看到：我们正是因为吃草吃得强大了，吃得胜利了。

三人行

"一定要走到那棵小树跟前再休息！"指导员王吉文望着前面四五百米处一棵小树，又暗暗地下了一次决心。那棵小树的叶子早被前面的部队摘下来吃掉了，只剩下些光秃秃的枝丫，挑着几个干巴叶片。因此，在王吉文看来，它似乎比实际距离要远一些。

几天来，他一直用这个办法来给自己打气，这办法却渐渐失去了效用。他确定的目标越来越近，而且也更常常怀疑起自己的眼睛：该不是眼睛有什么毛病吧，为什么看来很近，走起来却这么远？

这次又是这样，他没有走到既定距离的一半就有些支持不住了。头开始有些发晕，腿也软绵绵的，脖子因为用力往前探着，扯得脖筋暴跳作痛，真担心再一用力就会"咯蹦"挣断似的。特别是胸前的伤口，随着他急促的呼吸，里面那条纱布捻子像一把小锉在来回拉动，痛得他艰难地一步一挨地向前走着。一星期以前，他带着他的连队踏进这茫茫的草地，这草地是多么平坦

形象的比喻把指导员痛苦的感受生动地表现了出来。

啊！可是眼前这路却变得坑坑洼洼；水草那么滑，简直站不稳脚；草根太多了，稍不留神就会摔倒……

通讯员小周伏在指导员的身上，觉得身体晃动得厉害。凭经验，他看出指导员又撑不住了。他说："指导员，快休息一下吧！"

"不！"王吉文故意把声音提得很高。他知道第一次休息了，就还会有第二次，第三次……为了不让小周那双溃烂了的脚落到泥水里，他把小周的屁股用力往上托了托。他说："不要紧，只要你再给我增加点'营养'就行。"

小周腾出一只手，把怀里的车前菜叶子翻了翻，拣了两片嫩叶，摸索着放进指导员的嘴里。他们已经断粮两天了，就靠这东西塞肚子。两个人把吃这种野菜叶子叫做"增加营养"。

好不容易走到那棵树底下，王吉文拣块干点儿的地方把小周放下来。刚弯下身，忽然听见小周喊了声："喂，同志，哪个单位的？"

王吉文这才发现树底下还躺着一个同志。那同志见有人来，慌忙抹了抹眼睛，却没有说什么。

王吉文连忙凑过去，亲切地问："怎么，也掉队了？"

"不……不行啦！"那同志伸手揭开盖在身上的那块油布，指着小腿肚上一处被水浸坏了的伤口，有气无力地说。

"别泄气，同志，我们想办法走！"王吉文安慰他说。

"不，自己的伤自己明白……"那同志指指身旁那支步枪，接着说："同志，请你把这支枪带着，替我上缴吧。我是十三团二连的，我叫黄元

庆……"说到这里，他喘了口气，从挎包里掏出了一副绑腿扔给小周，深情地说："给你，小同志，你好好地活着出去，继续革命！"

一阵风吹过，树上那几片孤零零的叶子沙沙地响了几声。小周便哽咽着接过了绑腿。

> 这句环境描写渲染了悲凉的气氛，烘托出战士们沉重的心情。

王吉文也觉得心里一阵酸楚。凭他做了两年指导员的经验，他知道，有的战士在战斗中视死如归，但是在极端艰苦的环境面前，特别是看来陷入绝境的时候，容易莽撞地选择一种最简单的对待自己的办法。他像是自言自语地说："同志，你为什么这样想？……"他本来还想再说些什么，可是没说出口。他只顾发愁：这两个不能行动的同志，可怎么带他们走？

他正在想着，忽然看见远处出现了一簇人影。人影小了，还有一匹马。他心里顿时高兴起来。但是这伙人走到跟前，他却失望了。马上坐着两个人，牵马的那个人肩上背着两支步枪，一手牵着缰绳，一手揽着一个病号。王吉文仔细一看，原来是师长。

师长向他们三个人看了看，默默地从枪筒上解下已经空了半截的米袋子，抓了一把炒面给王吉文，然后严肃地问："为什么不走？"

"这个同志伤很重……"王吉文指着黄元庆回答。他知道师长是个严厉的人，不由得有些心慌。

"背上他走！"

"我，我已经背了一个……"

"同——志……"师长向前跨了一步，直看着王吉文的脸，话说得又低又慢，声音还有些沙哑。王吉文看见师长的眼睛里闪过一种焦灼、痛苦的神情。师长没有把话说下去，突然提高了声音说："背上他！"

说完，师长扭转身，挽起缰绳，扶着伤员，又蹒跚地向前走了。

一个人背两个人，王吉文思索着这个似乎不近情理的命令，不禁有些茫然了。但是他面前很快又闪现出师长那焦灼、痛苦的眼神。这，仿佛是对这个命令的补充说明。

"对，背上他！"想着师长的话，他忽然想出了办法。他兴冲冲地抓起小洋瓷碗，从水洼里舀了半碗凉水，拌上一点炒面，给黄元庆吃下去。接着又弄了一份放在小周面前。然后抓起黄元庆的一只手，背向着他蹲下来，果断地说："黄元庆同志，我以指导员的身份命令你，走！"

他背起黄元庆，对小周说："你在这里等着，我一会儿回来接你！"说完便大步向前走去。

当他到了一个新的目标，觉得体力有些不支的时候，就把黄元庆放下来，然后走一段回头路，再背上小周继续赶上去。

一趟，两趟，三趟……

目标一个个留在身后了。王吉文实在觉得惊奇：哪里来的力量又走了这么远？可是他也发现，自己是渐渐不能支持了，特别是这一次，似乎黄元庆的体重忽然增加了许多，脚下的泥水也好像更软了。眼前的景物渐渐变成了两个，身子晃荡得厉害。"已经走了几个来回了？十七次，还是十八次？"他正想着，突然脚下一滑，身子一扭，他连忙挣扎了一下，总算没有摔倒，可是胸前的伤口却剧痛起来，痛得他忍不住叫一声："哎——哟。"

> 这些心理描写，把指导员疲惫不堪的情景表现了出来。

"指导员，你怎么啦？"黄元庆问。

"没有什么。"王吉文回答，慌忙放下捂着伤口的手，扭头望了黄元庆一眼。

黄元庆却看见了，立刻惊叫起来："指导员，放下我！你……"

"别说话！"王吉文大声说。就在这时，他觉得眼前一阵昏黑，一口带点腥味的东西涌到了嘴边。他慢慢地歪倒了。

王吉文醒来的时候，他发现自己仰面躺着，身子却在缓缓地移动。"这是怎么啦？……刚才伤口……"他往伤口处摸了一把，一条绑腿已经把它包扎得好好的了。他惊奇地扭头看去，只见自己正躺在油布上，油布旁边的水草里，两条糊满泥巴的腿在往前移动，一条小腿上正流着血水。再往前看，黄元庆和小周并排匍匐在草地上，每人肩上挂着半截绑腿，拉住了油布的两个角，正在吃力地拖着往前爬。油布沿着光滑的水草往前移去。他们俩一边爬，一边说着话：

"……一个人该有多大的劲啊！他负了伤，还背我们走了那么远。"这是黄元庆的声音。

> 黄元庆的转变与前文沮丧的表现形成鲜明对比，说明指导员顽强的精神对他产生了深刻的影响。

"人就是有那么股子劲，有时自己也摸不透。你刚才还说，自己的伤自己明白，可是……"

王吉文看着，听着，他心里顿时激动起来。他仰起脸，望着天空轻轻地吁了口气。天无边无垠的，好像为了衬托那令人目眩的蓝色，几朵绒毛似的白云轻轻地掠过去。在那白云下面，一长串大雁正排成"人"字形的队伍，

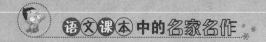

轻轻地向南飞去。它们靠得那么紧，排得那么整齐。

读中学写

我和大作家学动作描写：

个性鲜明的语言是本文塑造人物形象的重要方法。如通过指导员对两个伤员温情的鼓励和果断的命令，表现了他对战士的关爱；通过文末两个伤员的谈话，既侧面表现指导员顽强不屈的精神，也说明指导员的精神给了他们前进的力量

我和大作家学环境描写：

在小说中，环境描写是塑造人物形象的重要手段。如从大的方面来说，文中对恶劣天气的描写，反映了长征生活的艰苦，突出了战士们顽强不屈的精神和坚定的革命信念。再如文末的环境描写，既衬托出了战士们愉快的心情，也以紧密靠拢的大雁，象征着并肩前进的战士，赞扬了他们团结友爱的品质。

我的好词好句积累卡

好词： 溃烂　孤零零　兴冲冲　光秃秃　坑坑洼洼　有气无力　自言自语　视死如归　无边无垠

好句： 特别是胸前的伤口，随着他急促的呼吸，里面那条纱布捻子像一把小锉在来回拉动，痛得他艰难地一步一挨地向前走着。
在那白云下面，一长串大雁正排成"人"字形的队伍，轻轻地向南飞去。它们靠得那么紧，排得那么整齐。

张抗抗

名家简介

　　张抗抗，原名张抗美，中国女作家，1950年出生于杭州。曾任全国作协第七届副主席。她于1975年便完成了反映知青题材的长篇小说《分界线》，1979年以短篇小说《爱的权利》而知名。著有《沙之聚》、《张抗抗散文自选集》、《情爱画廊》、《永不忏悔》等。

课文再现

　　《海市》（北师大版五年级上册）是一篇游记散文，文章记叙了作者穿越戈壁滩时的所见所感。作者通过对沙漠中特有的景象——旋风、海市、彩虹、丝路花雨等的生动描写，展现了戈壁滩上特有的绮丽景象，进而抒发了自己独特的人生感悟。

小作家多多有话说 <<<<

　　在《海市》一文中，戈壁滩绮丽的景象引发了作者对人生的思索。而那些盛开在雪山上的向日葵和屹立在窗前的树，又会带给作者怎样的感受？请欣赏下面的两篇文章，并注意体会作者的情感。

课外 链接

雪山向日葵

　　从雪山下来，已是傍晚时分，阳光依然炽烈，亮得晃眼。从很远的地方就望见了那一大片向日葵海洋，像是天边扑腾着一群金色羽毛的大鸟。

　　车渐渐驶近，你喜欢你兴奋，大家都想起了梵高，朋友说停车照相吧，这么美丽这么灿烂的向日葵，我们也该作一回向阳花儿了。

　　秘密就是在那一刻被突然揭开的。

　　太阳西下，阳光已在公路的西侧停留了整整一个下午，它给了那一大片向日葵足够的时间改换方向，如果向日葵确实有围着太阳旋转的天性，应该是完全来得及付诸行动的。

　　然而，那一大片向日葵花，却依然无动于衷，纹丝不动，固执地颔首朝东，只将一圈圈绿色的蒂盘对着西斜的太阳。它的姿势同上午相比，没有一丝一毫的改变，它甚至没有一丁点儿想要跟着阳光旋转的那种意思，一株株粗壮的葵干笔挺地伫立着，用那个沉甸甸的花盘后脑勺，拒绝了阳光的亲吻。

　　夕阳逼近，金黄色的花瓣背面被阳光照得通体透亮，发出纯金般的光泽。像是无数面迎风招展的小黄旗，将那整片向日葵地的上空都辉映出一片升腾的金光。

　　它宁可迎着风，也不愿迎着阳光么？

　　呵，这是一片背对着太阳的向日葵。

　　那众所周知的向阳花儿，莫非竟是一个弥天大谎么？

　　究竟是天下的向日葵，根本从来就没有随着太阳旋转的习性，还是这雪

> 一连串的疑问，给读者留下了许多悬念，吸引了读者的阅读兴趣。

山脚下的向日葵，忽然改变了它的遗传基因，成为一个叛逆的例外？

或许是阳光的亮度和吸引力不够么？可在阳光下你明明睁不开眼。

难道是土地贫瘠使得它心有余而力不足么？可它们一棵棵都健壮如树。

也许是那些成熟的向日葵种子太沉重了。它的花盘，也即脑子里装了太多的东西，它们就不愿再盲从了么？可它们似乎还年轻，新鲜活泼的花瓣一朵朵一片片抖擞着，正轻轻松松地翘首顾盼，那么欣欣向荣、快快活活的样子。它们背对着太阳的时候，仍是高傲地扬着脑袋，没有丝毫谄媚的谦卑。

那么，它们一定是一些从异域引进的特殊品种，被雪山的雪水滋养，变成了向日葵种群中的异类？可当你咀嚼那些并无异味的香喷喷的葵花籽，你还能区分它们么？

于是你胡乱猜测：也许以往所见那些一株单立的向日葵，它需要竭力迎合阳光，来驱赶孤独，权作它的伙伴或是信仰；那么若是一群向日葵呢？当它们形成了向日葵群体之时，便互相手拉着手，一齐勇敢地抬起头来了。

它们是一个不再低头的集体。当你再次凝视它们的时候，你发现那偌大一片向日葵林子的边边角角，竟然没有一株，哪怕是一株瘦弱或是低矮的向日葵，悄悄地迎着阳光凑上脸去。它们始终保持这样挺拔的站姿，一直到明天太阳再度升起，一直到它们的帽檐纷纷干枯飘落，一直到最后被镰刀砍倒。

当它们的后脑勺终于沉重坠地，那是花盘里的种子真正熟透的日子。

然而你却不得不也背对着它们，在夕阳里重新上路。

雪山脚下那一大片背对着太阳的向日葵，就这样逆着光亮，在你的影册里留下了一株株直立而模糊的背景。

我和大作家学拟人：

本文作者在描写向日葵时，多处运用了拟人的修辞手法，如"固执地颔首朝东""葵干笔挺地伫立着，用那个沉甸甸的花盘后脑勺，拒绝了阳光的亲吻"等语句，拟人手法的运用生动地表现了向日葵直立的情形，增

添了文章的情趣。

我和大作家学想象：

　　围绕关于向日葵不随太阳旋转的原因，作者展开了丰富的想象。也许向日葵种子太沉重了，也许向日葵是来自异域的特殊品种，也许它们有着自己的信仰，也许……借助这些丰富的想象，作者巧妙地抒发了自己独特的人生感悟，发人深思。

好词：炽烈　抖擞　付诸行动　无动于衷　纹丝不动　众所周知

好句：从很远的地方就望见了那一大片向日葵海洋，像是天边扑腾着一群金色羽毛的大鸟。

　　夕阳逼近，金黄色的花瓣背面被阳光照得通体透亮，发出纯金般的光泽。像是无数面迎风招展的小黄旗，将那整片向日葵地的上空都辉映出一片升腾的金光。

窗前的树

　　我家窗前有一棵树，那是一棵高大的洋槐。

　　洋槐在春天，似乎比其他的树都沉稳些。杨与柳都已翠叶青青，它才爆出米粒般大的嫩芽：只星星点点的一层隐绿，悄悄然绝不喧哗。又过了些日子，忽然就挂满了一串串葡萄似的花苞，又如一只只浅绿色的蜻蜓缀满树枝——当它张开翅膀跃跃欲飞时，薄薄的羽翼在春日温和的云朵下染织成一片耀眼的银色。那个清晨你会被一阵来自梦中的花香唤醒，那香味甘甜淡雅、撩人心脾，却又若有若无。你寻着这馥郁走上阳台，你的身子为之一震，你的眼前为之一亮，顿时整个世界都因此灿烂而壮丽：满满的一树雪白，袅袅低垂，如瀑布倾泻四溅。银珠般的花瓣在清风中微微飘荡，花气熏人，人也陶醉。

> 生动的景物描写融入了作者美妙的感受，流露出作者对洋槐的喜爱之情。

便设法用手勾一串鲜嫩的槐花，一小朵一小朵地放进嘴里，如一个圣洁的吻，甜津津、凉丝丝的。轻轻地咽下，心也香了。

槐花开过，才知春是真的来了。铺在桌上的稿纸，便也文思灵动起来。那时的文字，就有了些轻松。

夏的洋槐，巍巍然郁郁葱葱，一派的生机勃发。夏日常有雨，暴雨如注时，偏爱久久站在窗前看我的槐树——它任凭狂风将树冠刮得东歪西倒，满树的绿叶呼号犹如一头发怒的雄狮，它翻滚，它旋转，它战栗，它呻吟。曾有好几次我以为它会被风暴折断，闪电与雷鸣照亮黑暗的瞬间，我窥见它的树干却始终岿然。大雨过后，它轻轻抖落树身的水珠，那一片片细碎光滑的叶子被雨水洗得发亮，饱含着水分，安详而平静。

那个时刻我便为它幽幽地滋生出一种感动。自己的心似乎变得干净而澄明。雨后清新的湿气萦绕书桌徘徊不去，我想这书桌会不会是用洋槐树木做成的呢？否则为何它负载着沉重的思维却依然结实有力。

洋槐伴我一春一夏的绿色，到秋天，艳阳在树顶涂出一抹金黄，不几日，窗前已是装点得金碧辉煌。秋风乍起，金色的槐树叶如雨纷纷飘落，我的思路便常常被树叶的沙沙声打断。我明白那是一种告别的方式。它们从不缠缠绵绵

> 大量叠词的连用，增强了语言的节奏感。

凄凄切切，它们只是痛痛快快利利索索地向我挥挥手连头也不回。它们离开了槐树就好比清除了衰老抛去了陈旧，是一个必然一种整合，一次更新。它们一日日稀疏凋零，安然地沉入泥土，把自己还原给自己。他们需要休养生息，一如我需

要忘却所有的陈词滥调而寻找新的开始。所以凝望一棵斑驳而残缺的树，我并不怎样的觉得感伤和悲凉——我知道它们明年还会再来。

　　冬天的洋槐便静静地沉默。它赤裸着全身一无遮挡，向我展示它的挺拔与骄傲。或许没人理会过它的存在，它活得孤独，却也活得自信，活得潇洒。寒流摇撼它时，它黑色的枝条俨然如乐队指挥庄严的手臂，指挥着风的合奏。树叶落尽以后，树杈间露出一只褐色的鸟窝，肥硕的喜鹊啄着树叉喳喳欢叫，几只麻雀飞来飞去飞到阳台上寻食，偶尔还有乌鸦的黑影匆匆掠过，时喜时悲地营造出一派生命的气氛，使我常常猜测着鸟们的语言，也许是在提醒着我什么。雪后的槐树一身素裹银光璀璨，在阳光还未及融化它时，真不知是雪如槐花，还是槐花如雪。

　　年复一年，我已同我的洋槐过了六个春秋。在我的一生中，我与槐树无言相对的时间将超过所有的人，这段漫长又真实的日子，槐树与我无声地对话，便构成一种神秘的默契。

读中学写

我和大作家学写作顺序：

　　作者首先提出窗前的树，照应题目；然后按照时间顺序，依次描写了槐树四季的美丽景象；最后以总写槐树结尾，并表达自己独特的人生感悟。全文结构完整，条理清晰。

我和大作家学想象：

　　如作者看到眼前的书桌，联想到"这书桌会不会是用洋槐树木做成的呢？"这种想象突出了洋槐的使用价值和奉献精神，表达了作者对槐树的赞美之情。

我的好词好句积累卡

好词：默契　甜津津　凉丝丝　郁郁葱葱　生机勃发　金碧辉煌　银光璀璨

好句：满满的一树雪白，袅袅低垂，如瀑布倾泻四溅。银珠般的花瓣在清风中微微飘荡，花气熏人，人也陶醉。

雪后的槐树一身素裹银光璀璨，在阳光还未及融化它时，真不知是雪如槐花，还是槐花如雪。

张晓风

名家简介

张晓风，笔名有晓风、桑科、可叵等，中国台湾著名散文家。毕业于台湾东吴大学，曾执教于该校及香港浸会学院，现任台湾阳明医学院教授。她的作品包括小说、散文及戏剧著作共34种，其作品曾一版再版，并被译成各种文字。著名诗人余光中曾称其文字"柔婉中带刚劲"，将之列为"第三代散文家中的名家"。

课文再现

《有些人》（北师大版五年级下册）是一篇回忆性散文，作者在文章中回忆了几个给自己留下深刻印象的生活往事，抒发了这些小事的主人公带给自己的感动，赞扬了他们美好、纯真的心灵，表达了作者对人生的深刻认识。

小作家多多有话说 <<<<

张晓风之所以被称为散文中的名家，不仅因为她精致的语言，更在于她精美语言背后的深深思索，阅读下面两篇短文，走进作家丰富的精神世界，去体会她独特的人生感悟。

课外 链接

春之怀古

　　春天必然曾经是这样的：从绿意内敛的山头，一把雪再也撑不住了，噗嗤的一声，将冷面笑成花面，一首渐渐然的歌便从云端唱到山麓，从山麓唱到低低的荒村，唱入篱落，唱入一只小鸭的黄蹼，唱入软溶溶的春泥——软如一床新翻的棉被的春泥。

　　那样娇，那样敏感，却又那样混沌无涯。一声雷，可以无端地惹哭满天的云，一阵杜鹃啼，可以斗急了一城杜鹃花，一阵风起，每一棵柳都会吟出一则则白茫茫、虚飘飘说也说不清、听也听不清的飞絮，每一丝飞絮都是一株柳的分号。反正，春天就是这样不讲理，不逻辑，而仍可以好得让人心平气和。

　　春天必然曾经是这样的：满塘叶黯花残的枯梗抵死苦守一截老根，北地里千宅万户的屋梁受尽风欺雪扰，小小的空虚的燕巢自温柔地抱着一团。然后，忽然有一天，桃花把所有的山村水郭都攻陷了，柳树把皇室的御沟和民间的江头都控制住了——春天有如旌旗鲜明的王师，因为长期虔诚的企盼祝祷而美丽起来。

　　拟人手法的运用为读者展现了一个童话般美妙的世界，表达了作者对春天的热爱和赞美之情。

　　而关于春天的名字，必然曾经有这样的一段故事：在《诗经》之前，在《尚书》之前，在仓颉造字之前，一只小羊在啮草时猛然感到的多汁，一个孩子放风筝时猛然感觉到的飞腾，一双患风痛的腿在猛然间感到舒适，千千万万双素手在溪畔在江畔浣纱时所猛然感到水的血脉……当他们惊讶地奔走互告的

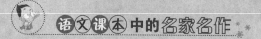

时候，他们决定将嘴噘成吹口哨的形状，用一种愉快的耳语的声音来为这季节命名——"春"。

鸟又可以开始丈量天空了。有的负责丈量天的蓝度，有的负责丈量天的透明度，有的负责用那双翼丈量天的高度和深度。而所有的鸟全不是好的数学家，他们吱吱喳喳地算了又算，核了又核，终于还是不敢宣布统计数字。

至于所有的花，已交给蝴蝶去数。所有的蕊，交给蜜蜂去编册。所有的树，交给风去纵宠。而风，交给檐前的老风铃去记忆、垂询。

春天必然曾经是这样，或者，在什么地方，它仍然是这样的吧？穿越烟囱与烟囱的黑森林，我想走访那踯躅在湮远年代中的春天。

读中学写

我和大作家学选材：

本文选材非常丰富，作者通过小草、惊雷、杜鹃、柳絮、桃花、小鸟、蜂蝶等一大批初春季节特有的景象和生物，展现了大自然的勃勃生机，生动的语言和优美的意境互相映衬，使读者如临其境，无限神往。

我和大作家学拟人：

作者在景物描写中，多处运用了拟人的修辞手法。如"春天就是这样不讲理""桃花把所有的山村水郭都攻陷了""鸟又可以开始丈量天空了""至于所有的花，已交给蝴蝶去数"等语句，使万物都有了鲜明的形象和丰富的情感，自然流露出作者对自然、对生活的热爱。

我的好词好句积累卡

好词： 踯躅　虔诚　白茫茫　虚飘飘　混沌无涯　旌旗鲜明　吱吱喳喳

好句： 从绿意内敛的山头，一把雪再也撑不住了，噗嗤的一声，将冷面笑成花面，一首渐渐然的歌便从云端唱到山麓，从山麓唱到低低的荒村，唱入篱落，唱入一只小鸭的黄蹼，唱入软溶溶的春泥——软如一床新翻的棉被的春泥。

光阴的故事

　　一锅米饭，放到第二天，水汽就会干了一些；放到第三天，味道恐怕就有问题；第四天，我们几乎可以发现，它已经变坏了；再放下去，眼看就要发霉了。

　　是什么使那锅米饭变馊变坏？是时间。

　　可是，在浙江绍兴，年轻的父母生下女儿，就在地窖里，埋下一坛坛米酿的酒。十七八年后，女儿长大了，这酒就成为女儿婚礼上的佳酿。它有一个美丽的名字，叫女儿红。

　　是什么使那些平凡的米，变成芬芳甘醇的酒？也是时间。

　　时间到底是善良的，还是邪恶的魔术师呢？都不是，时间只是一种简单的乘法，使原来的数值增倍而已。开始变坏的米饭，每一天都不断变得更腐臭；而开始变醇的美酒，每一分钟，都在继续增加它的芬芳。

> 形象的语言揭示了深刻的道理，发人深思。

　　——我们也曾经看到天真的少年一旦开始堕落，时间会把他变得满面风尘，面目可憎；但相反的是，时间也能把温和的笑痕，体谅的眼神，成熟的风采，智慧的神韵添加在那些追寻善良的人身上。时间将怎样对待你我呢？这就要看我们自己是以什么态度来期许我们自己的。

我和大作家学选材：

本文选材非常巧妙，如通过一锅米饭和陈年佳酿来表现时间的神奇，这些材料既贴近生活，便于读者理解和接受，又能形成鲜明对比，从而自然得出"时间只是一种简单的乘法，使原来的数值增倍而已"这一哲理深刻的论断。

我和大作家学设问手法：

这篇短文多处运用了设问的写作手法。如"是什么使那锅米饭变馊变坏？""时间到底是善良的，还是邪恶的魔术师呢？""时间将怎样对待你我呢？"等语句，在启发读者思考的同时，也提高了读者对问题的关注程度。

我的 好词 好句 积累卡

好词：发霉　佳酿　邪恶　增倍　神韵　堕落　满面风尘　芬芳甘醇　面目可憎

好句：时间到底是善良的，还是邪恶的魔术师呢？都不是，时间只是一种简单的乘法，使原来的数值增倍而已。

时间将怎样对待你我呢？这就要看我们自己是以什么态度来期许我们自己的。

孙 犁

名家简介

　　孙犁（1913-2003），原名孙树勋，河北省安平县人。现代小说家、散文家，被誉为"荷花淀派"创始人。曾任中国作家协会理事、作协天津分会副主席等职。小说、散文集《白洋淀纪事》为其代表作，其中《荷花淀》、《嘱咐》等短篇作为现代文学史上负有盛名的篇章，被文艺界视之为"荷花淀派"的主要代表作。

课文再现

　　在《报纸的故事》（北师大版六年级上册）一文中，作者讲述了自己失业后卖报纸、读报纸、巧用报纸的经历，表现了当时贫穷的生活条件给知识分子带来的压力，反映了作者的乐观主义精神，同时也表现了作者对文学、知识、真理的执著追求。

小作家多多有话说 <<<<

　　孙犁是"荷花淀派"的代表作家，他的作品一般都充满浪漫主义气息和乐观主义精神，语言清新朴素，描写逼真，心理刻画细腻，富有诗情画意。欣赏下面一篇文章，看看哪些语句能够体现出这些特点。

课外链接

父亲的记忆

父亲十六岁到安国县（原先叫祁州）学徒，是招赘在本村的一位姓吴的山西人介绍去的。这家店铺的字号叫永吉昌，东家是安国县北段村张姓。

店铺在城里石牌坊南。门前有一棵空心的老槐树。前院是柜房，后院是作坊——榨油和轧棉花。

我从十二岁到安国上学，就常常吃住在这里。每天掌灯以后，父亲坐在柜房的太师椅上，看着学徒们打算盘。管账的先生念着账本，人们跟着打，十来个算盘同时响，那声音是很整齐很清脆的。打了一通，学徒们报了结数，先生把数字记下来，说：去了。人们扫清算盘，又聚精会神地听着。

在这个时候，父亲总是坐在远离灯光的角落里，默默地抽着旱烟。

我后来听说，父亲也是先熬到先生这一席位，念了十几年账本，然后才当上了掌柜的。

夜晚，父亲睡在库房。那是放钱的地方，我很少进去，偶尔从撩起的门帘缝望进去，里面是很暗的。父亲就在这个地方，睡了二十几年，我是跟学徒们睡在一起的。

可见，父亲是靠勤奋和敬业赢得尊重的。

父亲是一九三七年，七七事变以后离开这家店铺的，那时兵荒马乱，东家也换了年轻一代人，不愿再经营这种传统的老式的买卖，要改营百货。父亲守旧，意见不合，等于是被辞退了。

父亲在那里，整整工作了四十年。每年回一次家，过一个正月十五。先是步行，后来骑驴，再后来是由叔父用牛车接送。我小的时候，常同父亲坐这个牛车。父亲很礼貌，总是在出城以后才上车，路过每个村庄，总是先下来，和街上的人打招呼，人们都称他为孙掌柜。

父亲好写字。那时学生意，一是练字，一是练算盘。学徒三年，一般的字就写得很可以了。人家都说父亲的字写得好，连母亲也这样说。他到天津做买卖时，买了一些旧字帖和破对联，拿回家来叫我临摹，父亲也很爱字画，也有一些收藏，都是很平常的作品。

抗战胜利后，我回到家里，看到父亲的身体很衰弱。这些年闹日本，父亲带着一家人，东逃西奔，饭食也跟不上。父亲在店铺中吃惯了，在家过日子，舍不得吃些好的，进入老年，身体就不行了。见我回来了，父亲很高兴。有一天晚上，一家人坐在炕上说闲话，我絮絮叨叨地说我在外面受了多少苦，担了多少惊。父亲忽然不高兴起来，说："在家里，也不容易！"

回到自己屋里，妻抱怨说："你应该先说爹这些年不容易！"

那时农村实行合理负担，富裕人家要买公债，又遇上荒年，父亲不愿卖地，地是他的性命所在，不能从他手里卖去分毫。他先是动员家里人卖去首饰、衣服、家具，然后又步行到安国县老东家那里，求讨来一批钱，支持过去。他以为这样做很合理，对我详细地描述了他那时的心情和境遇，我只能默默地听着。

父亲是一九四七年五月去世的。春播时，他去耪楼，出了汗，回来就发烧，一病不起。立增叔到河间，把我叫回来。

我到地委机关，请来一位医生，医术和药物都不好，没有什么效果。

父亲去世以后，我才感到有了家庭负担。我旧的观念很重，想给父亲立个碑，至少安个墓志。我和一位搞美术的同志，到店子头去看了一次石料，还求陈肇同志给撰写了一篇很简短的碑文。不久就土地改革了，一切无从谈起。

父亲对我很慈爱，从来没有打骂过我。到保定上学，是父亲送去的。他很希望我能成材，后来虽然有些失望，也只是存在心里，没有当面斥责过我。在我教书时，父亲对我说：

描写父亲的慈爱和宽容，更加突出了作者对父亲的怀念和愧疚之情。

"你能每年交我一个长工钱，我就满足了。"我连这一点也没有做到。

父亲对给他介绍工作的姓吴的老头，一直很尊敬。那老头后来过得很不如人，每逢我们家做些像样的饭食，父亲总是把他请来，让在正座。老头总是一边吃，一边用山西口音说："我吃太多呀，我吃太多呀！"

我和大作家学选材：

在本文中，作者紧扣"父亲的回忆"这一标题，讲述了与父亲有关的几件事情，表现了父亲勤奋、敬业、正直、善良的特点，多角度的丰富选材，把父亲的人物形象塑造得更加丰满、生动。

我和大作家学以小见大：

作者在文中从小处着眼，以几件平淡的生活小事刻画人物。如与东家意见不合这件小事，可以看出父亲为人耿直的特点；从一直很敬重介绍工作的姓吴的老头这一细节，可以看出父亲淳朴、善良的特点……这种以小见大的表现手法，使得人物的形象更加生动、更加真实。

我的好词好句积累卡

> **好词：** 撰写　衰弱　临摹　东逃西奔　兵荒马乱　絮絮叨叨
>
> **好句：** 这些年闹日本，父亲带着一家人，东逃西奔，饭食也跟不上。父亲在店铺中吃惯了，在家过日子，舍不得吃些好的，进入老年，身体就不行了。